投資家バーの常連客から聞いた投資の成功術

酒井富士子／著

投資家バー STOCK PICKERS／監修

JN209488

インプレス

はじめに

投資家バー STOCK PICKERSです。

2021年3月にオープンした「投資家バー STOCK PICKERS」では、「投資家同士のネットワークが広がり、投資家の皆さまが投資について楽しく話せるお店」というコンセプトの元、初級者から上級者まで、さまざまなスタイルを持つ投資家が夜な夜なこのバーに集まってきます。

例えば、常連投資家には、会社のトイレで3分だけデイトレードをする人、個人アクティビストとして活動する人、宝くじで12億円が当たって本格的に投資を始めた人、資産46億円を使い切ろうとしている人……などなど、このバーが開店して4年の間にたくさんの個性的な投資家と出会いました。
もちろん、投資を始めたばかり、投資に興味がある……という新米投資家も数多くバーに来てくれます。

そして、常連投資家と新米投資家がこのバーで出会うと、どうなると思いますか？

「初めての人」には、まずカウンターの席に案内します。その隣では、先ほどのような個性的な常連投資家がお酒を飲んでいます。
すると、おもむろに常連投資家は、自分が導き出した知識・技術、そして成功体験を新米投資家に教え始めるのです。そう、みなさんは投資の話がしたくてこのバーに訪れるわけで、新米投資家には惜しげもなく知識・技術を披露してくれるのです。

新米投資家にとっても、投資の知識・情報を吸収するためにバーに来たわけで、まさにWin-Win。ユーチューブや書籍などでも投資の情報は得られますが、実際に生の声を聞ける、質問もできる、というのは安心感があると言います。

今回、そんなバーの日常風景を本にしました。

この本では、個性があって投資スタイルの異なる7人の常連投資家が登場します。もちろん、すべて実在の人物です。

投資家バー STOCK PICKERSのバーテンダー兼店長である私が、毎日カウンターに立って出会った人の中から、みんなが知りたいと思う投資スタイルを持っている人、個性的で話が面白い人という基準で選びました。

この本に書かれている内容は、バーで実際に聞いた話を元にまとめています。雰囲気はそのまま、一流投資家たちの知識、技術、ぶっちゃけ話や裏話まで、実績のある人の本音を聞くことができます。

そして、この本を通して投資の新たな世界・知識を広げ、次の投資に対するヒント・気づきが得られると幸いです。

では、今日もそろそろ開店の時間です。

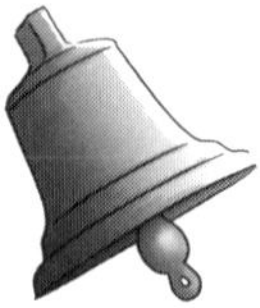

いらっしゃいませ～。

すいません、今日、初めて来たんですけど……。

初来店、ありがとうございます！　普段はどんな投資を？

まだ始めたばかりなんですが、日本株のトレードを少し……、でもあまり上手くいってないんですよね～。

なるほど。そうしたら……、よかったらカウンターのこの席にどうぞ！

目次

常連客

1

常連客

2

負け知らずのまま10年で資産4倍増「高配当バリュー株」が見つかる思考法 —— 51

目次

常連客 3

常連客

4

時間とボラを売って利益を手堅く取れる「米国株オプション」の魅力と戦略を解説 —— 131

目次

常連客

6

米国ハイテク株の長期投資で資産5倍増 大暴落の失敗で学んだ投資哲学と儲け方

常連客

7

宝くじの12億円当選者が手探りで学んだ堅実的な投資術と資産の分配先とは？——231

カバー／表紙デザイン
井上新八

本文デザイン／DTP
TwoThree

イラスト
福原やよい

編集
関口雄也

編集長
山内悠之

常連客

1

トイレ3分トレードで毎月100万円
暴落相場も無関係の勝率98％投資法

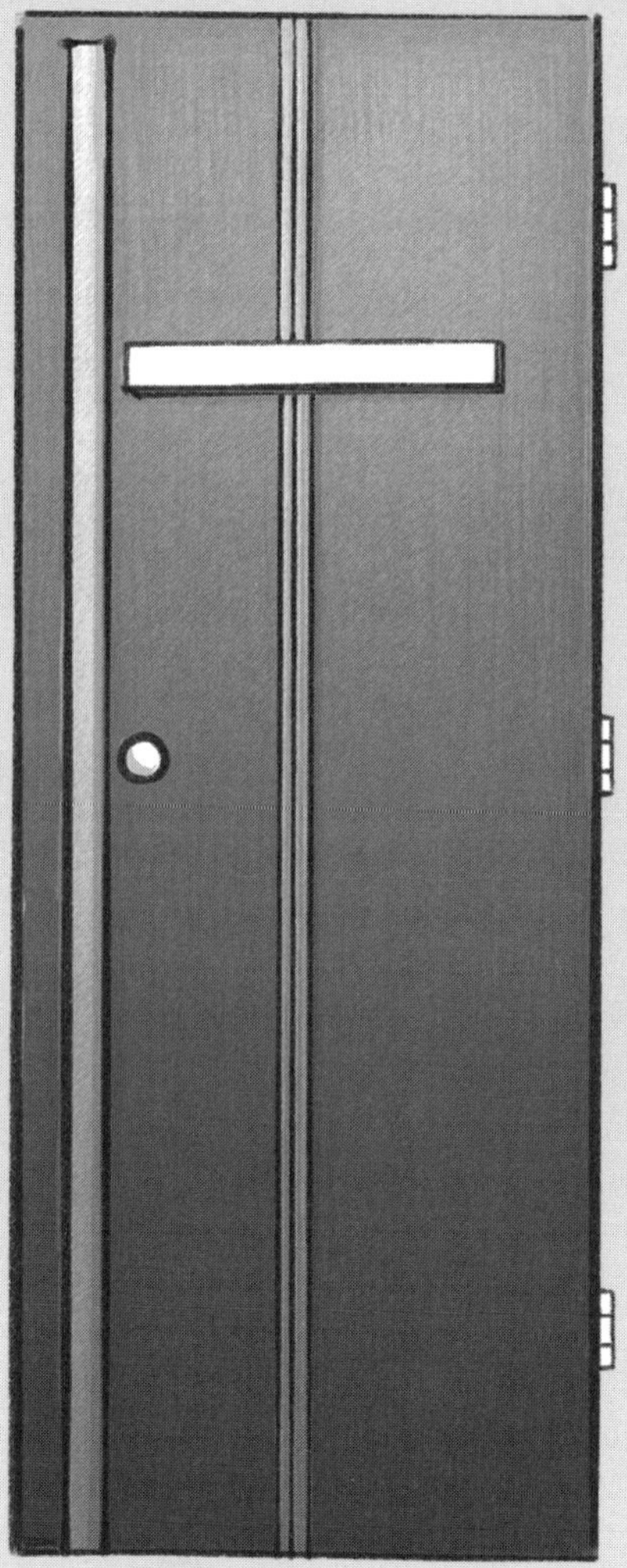

話を聞いた常連客

Kojiさん

職場の個室トイレで3分トレードと
ユニークに話すKoji さん。
しかしその裏には
データ分析と仮説・検証など
勝率98%で下髭を読む技術があった。

下髭先端トレーダー。デイや短期スイングで需給や大口の方向性を読み、下髭先端の転換点と陽線のみを取り続ける。お酒・グルメ・お笑い・旅行・温泉・麻雀・車が好き。

X：@Koji26650263
YouTube:https://www.youtube.com/@koji7444

いらっしゃいませ〜。

こんばんは。まずはビールをください。

あれ⁉ 随分と浮かない顔をしているけど、どうしたの？

デイトレーダーに憧れて挑戦してみたんだけど、全然上手くいかないんですよ。ここから上がっていくだろうというタイミングで買ったのに、どんどん株価が下がって、たった数時間で結構な損失を抱えちゃったよ。投資に向いていないのかな……。

そういうことかな……。

しかも、デイトレードを始めてから**仕事中も値動きが気になっちゃって**……。やっぱり**仕事と投資の両立って無理**だよ。投資で損した上に、仕事も手がつかず部長に怒られるなんて……、よし決めた、今日は飲み明かそう！

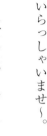

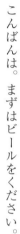

まあまあ、落ち着いて。確かにデイトレードは、毎日の株価の動きをしっかり分析する必要もあるし、意外と手間や時間はかかるんだよね。その上で買った銘柄が今どうなっているか、仕事中も気になるのはよくわかる。

え、そうなの⁉ 上がり調子の銘柄を買って、値上がりしたら売るだけじゃやっぱりダメだったのかな。

それは違うかもしれないね。

マスター、ビールおかわり！

え、もう2杯目⁉

今日は飲み明かすんだって。マスター、付き合ってね。

も〜しょうがないな〜、実は今、仕事帰りに寄ってくれた、**デイトレードを得意としている常連客**がいるから、良かったら紹介するよ。これ以上損失を出す前にしっかり勉強した方がいいよ。

え！　マスター、やさしい！

Ｋｏｊｉさん、この子、デイトレードに挑戦したけど上手くいってないらしいんだ。悪いけど、値動きの分析のコツとか売買のタイミングをちょっと教えてあげてくれないかな？　あとトイレ3分トレードの話、あれ面白いからまた聞きたいな。

おっと、今さっき重役向けプレゼンが終わってやっと一息ついたところだったのに……、でも、いいですよ！　僕で良かったら、アドバイスします。はじめまして。Ｋｏｊｉです。

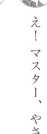

デイトレーダーでも1日中相場に張り付く必要はない！

Ｋｏｊｉさん、はじめまして。僕なんかのために、ありがとうございます。Ｋｏｊｉさんは、デイトレードで稼げているんですか⁉

そうだね。僕は中長期の投資ではなく、デイトレードや最大で二泊三日のスイングトレードで利益を出しているよ。

へ～、すごいな！　Ｋｏｊｉさんは会社員とマスターに聞きましたが、もしかして仕事中にトレードしているんですか？

うん、そうそう。でも、専業のデイトレーダーのように1日中相場に張り付いているわけではないよ。最近海外との仕事で自分の企画をプレゼンすることが多く、本業もそれなりに忙しいからね。実は、**トイレ休憩の時間に少しだけ**。1日に数千～数万円勝てれ

ば良いと思って、自分のペースでトレードしているんだ。とにかく負けなければ、確実に利益は増えていくからね。

題して「**トイレトレーディング**」ってやつですね。でも上手くいくと、なかなかトレードを止められなくなりませんか？ 僕だったら、熱中してトイレから出られなくなってしまうかも。

そうだね、人それぞれ投資のスタイルがあると思うけど、僕の場合は本業の仕事が第一なので、**どんなにトレードで良い結果が出ても、自分で決めた時間以外はトレードのことを考えない**ようにしているよ。そうすることで上手くオン・オフの切り替えができるし、**サラリーマンでもデイトレードで勝ち続けることができる秘訣**かな。

損失1000万円をきっかけに下髭で買うタイミングを研究

今はすごく順調にトレードしているように見えますが、最初から株式投資について詳しかったんですか？

いやいや、全然そんなことないよ。僕は２０１９年に株式投資を始めたんだけど、２００万円の資金からはじめて、**一時は１０００万円の損失**を抱えちゃってさ……。

え！　１０００万円ですか⁉　そんなに損失を抱えて大丈夫だったんですか？

いや〜、子どもの学費として貯めていたお金だったから、大丈夫じゃなかったね。

そもそも、Ｋｏｊｉさんは仕事も順調だとお見受けしますが、なぜ投資を始めたんでしょう？

僕が株式投資を始めた２０１９年頃は、いわゆる老後２０００万円問題が騒がれ始めた時期なんだよ。老後に対して不安を感じ、貯金をしていても増えないなら、自分の力で

増やさないと！ と思ったわけ。

でもなんで、デイトレードだったんですか？

最初はスイングを始めたんだ。ただ日々マイナスになる含み損を見て、どうしていいかわからず、値動きの激しいＩＰＯ株に惹かれていったんだ。最初は億トレーダーが発信するＳＮＳ情報に流されたり、自分の投資スタンスが確立していなかったこともあり、２年間で１０００万円の損失を抱えちゃったんだ……。

１０００万円の損失から、よく復活しましたね！

何度もトレードを止めようと思ったよ。でもある日、ある銘柄の過去チャートを見ていると、**下髭ができた後にグンと株価が戻ったりする**のを見たんだ。「頭と尻尾はくれてやれ」という「陽線が続いている時のトレンドに乗って確実に利益を取る」という格言があるけど、僕はどうしても**転換点の頭からエントリーして、買った瞬間に確実にプラ**

スになるようにしたかった。そこで、毎日全銘柄のチャートを見て下髭を徹底的に研究し、そのタイミングで株を買えるようになってきたんだよね。

適正価格から乖離している銘柄の値動きを徹底的に検証

つまり、**株価が安くなったタイミングで購入する**ってことですよね。下がった株が上がるかどうかってどう見極めるんですか?

相場環境や企業を取り巻く環境が良い場合、一時的に下げても株価は反転する確率が高いんだ。また、下げる理由を仮説立てし、実際に株価が下がるかを何回もシミュレーションすることで感覚をつかんだんだ。

え……、難しいです。

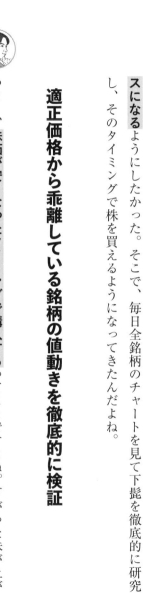

株価は、その企業の将来の成長や配当などの還元に対し、人気が集まる銘柄が上昇する。ただし適正株価というものがあり、現代は瞬時にコンピュータのアルゴリズムによって適正な株価に織り込まれるんだ。でも需給という要素によって、大きく損切りされることがあると、売りが売りを呼び、株価が大きく下落することもあるよね。そんな時でも企業価値は変わらない……、つまり**適正な株価に対し乖離が出た時がチャンス**なんだ。ちょっと難しい話だったかもしれないけど、**株価が下がったとしてもその銘柄の適正株価が現在値より高ければ回復する**んだよ。ささっと下がってささっと上がるところが髭になる。

なるほど！……ど素人で申し訳ないのですが、下髭ってどんなサインでしたっけ？

先走ってごめんごめん。ローソク足は時間の長さで形が決まるんだけど、初値・最高値・最安値・終値の中で初値の時からグッと下がって最安値をつけて、終値までに数値が戻ると下髭ができるんだよ。４本値といって基本のキで、一番大切なんだ。

ローソク足と下髭の基本

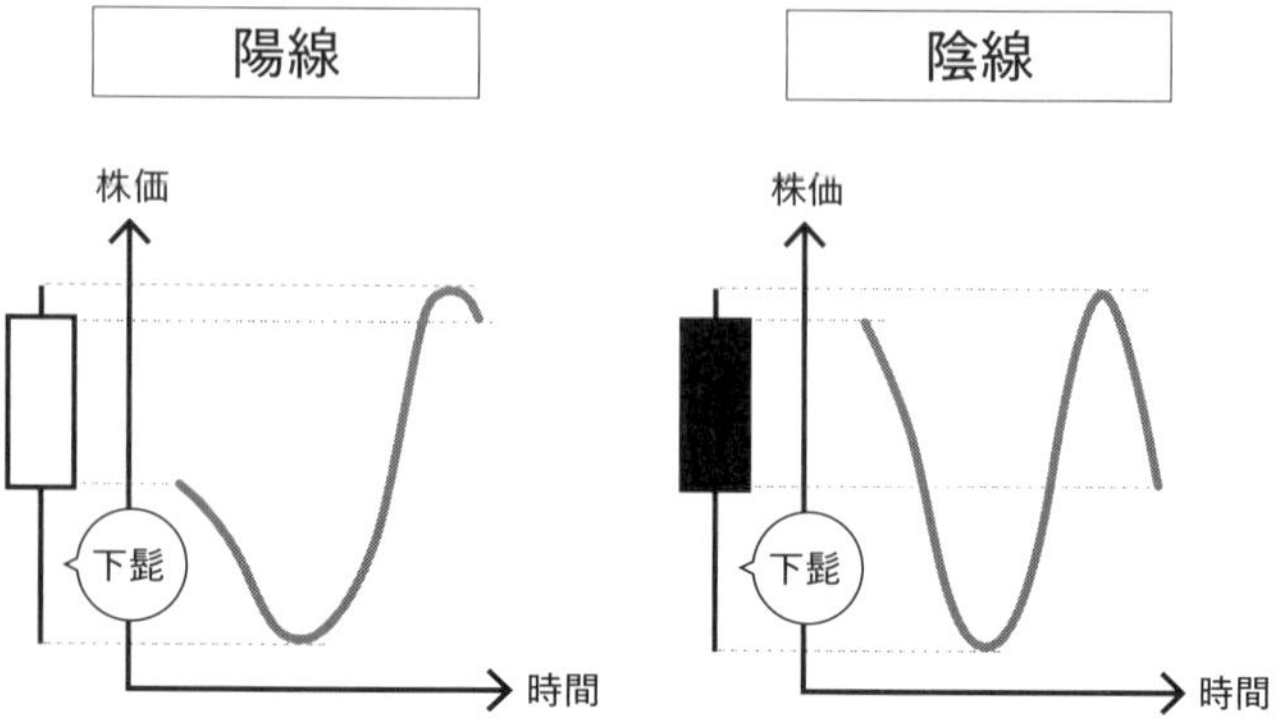

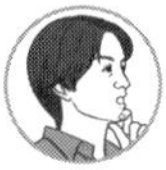

なるほど～。確かローソク足にもいろいろと種類があるんですよね、月足、週足とか……。Ｋｏｊｉさんは日足で見ているんですか？

う～ん、日足はほとんど見ないかな。月足・2週足・週足・3時間足・1時間足・3分足・1分足・15秒足とたくさんの時間軸の足をいつも見ているよ。ちなみに、自分で21分足も作って見ている。

え、自分で作れるんですか！ 知らなかった……。

証券会社のツールでは設定できないので、

「TradingView」という無料ツールで設定しているんだ。デイトレーダーは短時間の勝負だから短い時間足のチャートを見ると思われがちだけど、実は**月足・週足をしっかり分析することが大事**。デイトレードといっても大きなトレンドに逆らわない方がいいからね。

とはいっても、企業研究もしているんですよね？

もちろん。各企業の業績を四季報や決算説明資料、ホームページで確認しているよ。店舗を持っている企業なら、そのお店を肌で感じたりもする。最近は「書いて覚える」じゃないけど、あの分厚い**四季報に書いてあるデータを、発売2日ぐらいでパソコンに手入力**していっているね。すると、この企業の最新動向が居ても立っても居られなくなるぐらい詳しく知りたくなってくるんだ。

え〜、四季報ってあの辞書みたいなやつを……。

あと2年半前から続けているのは、楽天RSSという楽天証券の無料のツールで全銘柄の4本値、出来高、ファンダメンタルズデータ、需給データなどをダウンロードして、僕が開発したプログラムに取り込み、毎朝3時くらいから分析している。これ良かったら見てみて。

わ〜、細かい！　なんですか、これ。

全銘柄をリストにして、自分で色をつけて、直観的に需給の変化がわかるようにしているんだよね。

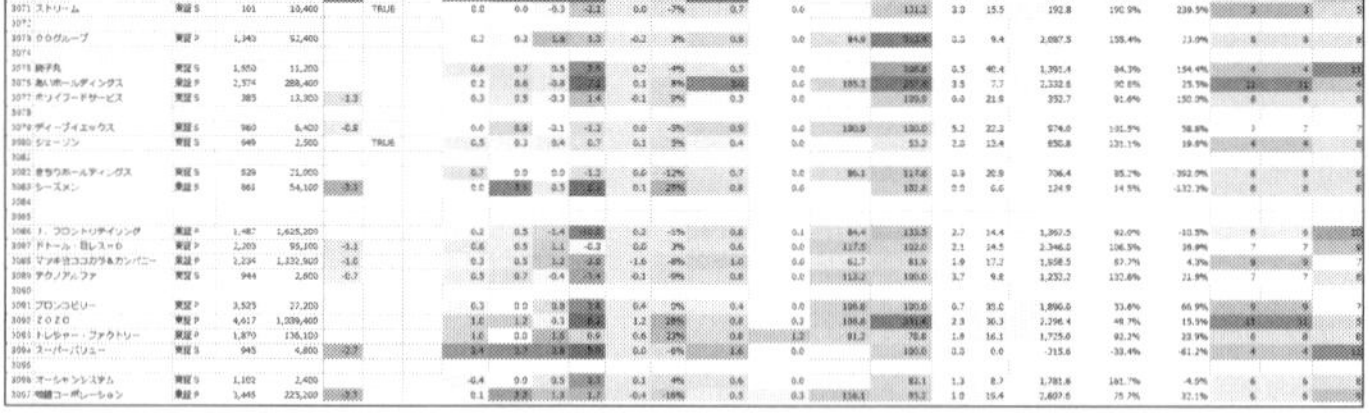

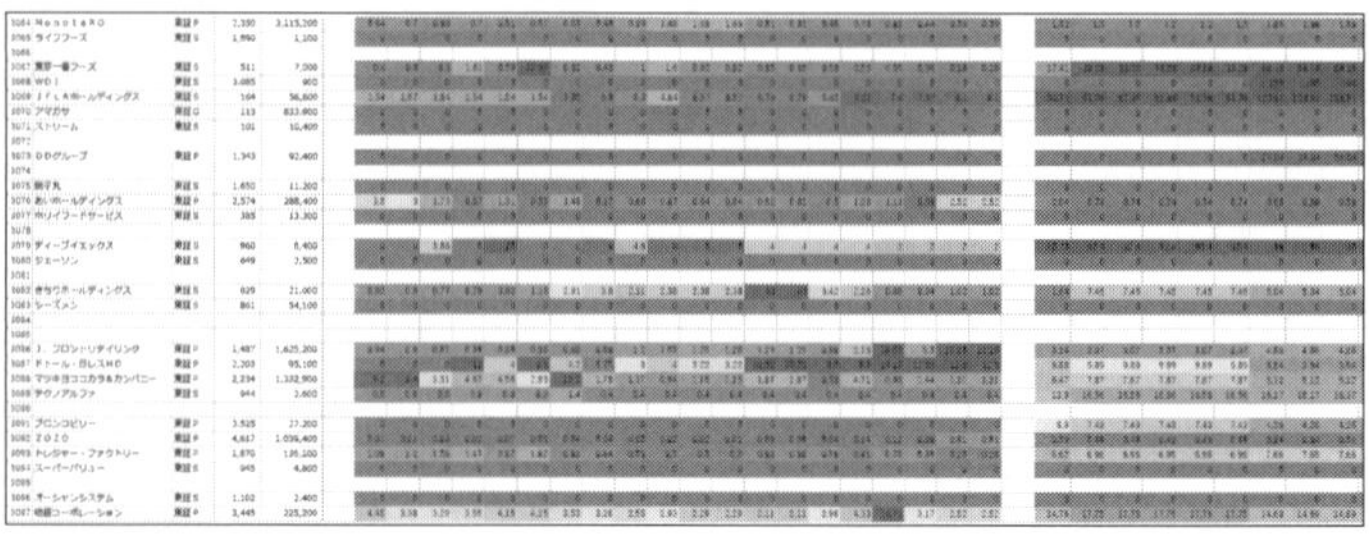

え〜、これを毎日しているんですか？　すごいですね！　この表には具体的にどんなことが書かれているんですか？

僕の汗と涙の結晶なので詳しくは言えないけど、先ほど話したファンダメンタルズとしての**適性株価と現状株価の乖離率、需給の歪みの分析、高値掴みをしてつかまっている出来高のこなし率、テクニカルの特徴分析のサマリ、さらには大口の仕込み可能性フラグ**など……かな。

すごく難しいけど、とても詳細に分析されているのはわかります！

ここから、**自分で銘柄を選んでどんな風に株価が動くかの仮説を立てているんだ**。そして、その仮説に対し値動きを検証して、仮説が当たっていたらその頻度を癖として捉え、なぜそのように動くのかをまた検証しながら、新たな自らの手法を見出していくんだ。そのロジックを新たにプログラムして独自の手法に加えていく、というのを繰り返している。その積み重ねで、**次の日に上がりそうな銘柄、つまりトレードする銘柄をピック**

アップする。

実際に、このような分析をすることにより下髭で買えるものなんですか？

これが実際のトレードなんだけど、ある銘柄の下髭ができて、何回かに分けて購入し平均取得株価1738・3円のポジションのあとに、1766・0円に戻してるよね。

すごい！　本当に下髭の先端で買っていますね！

自分が思うとおりに株価が動くと、すごく嬉しいよ。

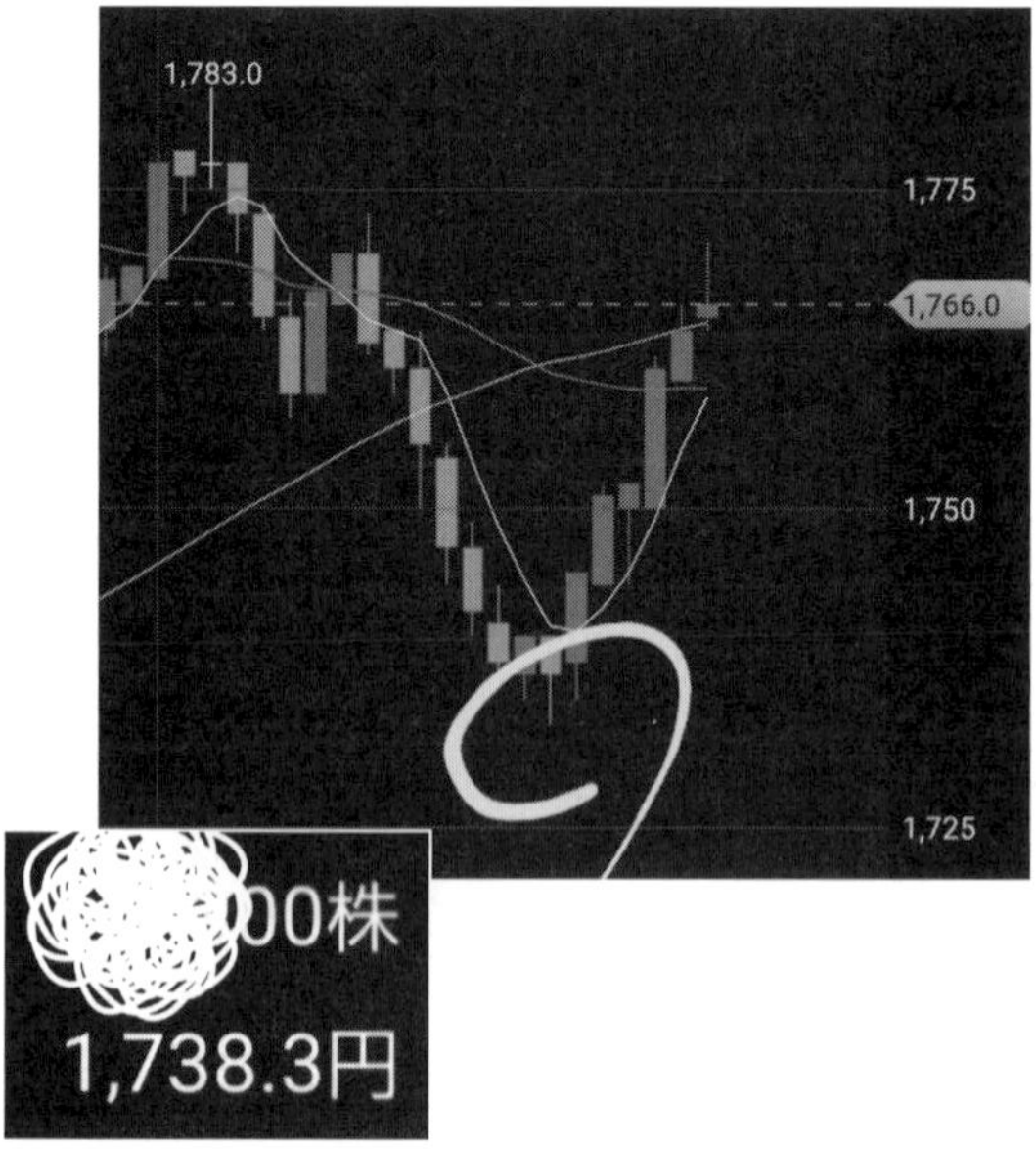

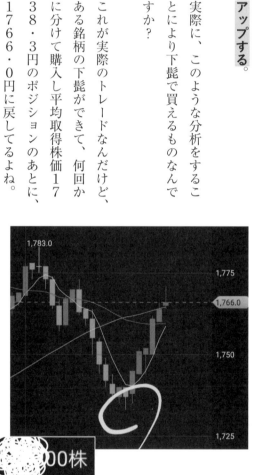

トイレ休憩3分の集中トレードで1日6万円を稼ぐ！

ところで、トイレ休憩中にトレードしていると言っていましたが、1日どれくらいトレードに時間を充てているんですか？

1日3分間だけと決めているよ。

3分！　思っていた以上に短いですね……。

それは僕が兼業投資家だからさ。株の専業投資家は相当上手くならないとできないと考えている。なぜなら生活がかかっているからね、絶対に負けられない。でも兼業投資家は、本業の収入もあるし専業投資家よりもメンタル面も含めて条件は絶対に有利なはず。

だから僕は**仕事に集中することが大前提だと考えていて、相場の地合いにも影響されに**

くい3分間という短い時間で投資をしているんだ。またデイトレードではポジションを長く持つとリスクが高まるしね。

その3分の中で売買をするんですか？

そうそう。トイレの個室に入ってパンツを下ろしたら、スマホの電源を入れてアクティブになるまで20秒。そこから**狙っていた銘柄のチャートと板を見て、自分の想定通りの値動きになっていたら即決で買い**。いきなり全資金を投入することもある。そして、**3分後には売ってトレード終了**だね。

シチュエーションがおもしろい（笑）。でも、そんな短期間で株価は上がるものなんですか？

そこはスクリーニングした銘柄のうち、確実に上がると思ったものを厳選しているからね。あと、**値動きの検証から導いた癖から反転しそうな時間も事前に分析するから、そ**

の時刻にトイレ休憩に行くようにしているよ。けれど、トイレに行った時間に自分の思っていた値動きをしていない場合には、下ろしたパンツをそのまま履き直して、トレードしない選択をすることも多い。とにかく負けないことが大切。機関投資家など大口のさまざまな事情から良い銘柄でも売られることもあるし、「不確実なものから再現性を見出す」という理不尽なものがトレードだからね。とにかく**自分の得意なところでしか入らない**、それが勝ち続けるための最も重要なことだと思うよ。

パンツが試合の開始と終了を告げるホイッスルですね！

そうそう（笑）。この方法の何が良いかというと、**相場全体で大暴落が起きた時もダメージがない**んだよね。だって、買った銘柄も3分後には売るし、保有していないから。

例えば、3分間の中で、トレードをしようと思っていた本命のA銘柄が思ったような値動きをしていなかった場合、他にスクリーニングしていたB銘柄でトレードすることもありますか？

うん、もちろんあるよ。そうじゃないとせっかく仕事が忙しい中、トイレに来たのに機会損失だからね。ただ、さっきも話したけど、機会損失を恐れては絶対に勝ち続けられないよ。また、実際の売買までは、チャートと板を15秒くらい見て瞬間的に判断。「**瞬間認知**」と呼んでいるんだけど、ここで反転しそうと感じたら買う。短い時間だとたくさん稼げないから、株数も多めに買っているよ。

株数的には、いつもどれくらいを買っているんですか？

最近はそこまで多くないよ。以前は1日数十万円の利益を出せるくらいの株数でトレードしていたけど、今は家庭の事情もあって軍資金を引き出してしまったので、1日6万円の利益を目標にトレードしている。**前場・後場の1日2回、3分トレードするから、分給1万円だね**。なにより利益は大きくなくても、負けずに利益を確実に積みあげることが大事。

え!? ということは、直近では負けたことはないんですか？

いやいや、直近では9月に負けたかな。どんなにしっかり分析しても絶対ということはないからね。でも、**98%くらいの確率で勝てているよ**。

98%の勝率……、すごいという言葉しか出てきません。

3分間に20~30円上がる変動が大きい銘柄を狙う

ちなみに、3分の間に動くのってせいぜい数円じゃないんですか？

いやいや、短い時間でも数十円上がる銘柄もあるよ。ちなみに僕は、**20~30円上がる銘柄を狙っている**。IPO株とか激しい値動きの銘柄は楽しいね。

え〜、そんなに上がるんですね。

だって、**1000円の銘柄が2%上がれば20円、1000株で2万円の利益になるからね。5%上がれば5万円になるわけで**。デイトレーダーは、変動が大きい銘柄を狙い積み重ねるんだ。

確かに現実味はある。

でも、だからこそ**負けた時の損失も大きく**なるよ。**しっかり分析した上でトレード**するのが大事だね。

う〜ん、耳が痛い。

大きく負ける可能性がある分、無計画で適当なトレードは危険だよ。僕も負ける時は大抵、勝ち続けている自分に対して自信過剰になった時のテキトートレードによるものが

ほとんど。

ちなみに、セクター（業種）でトレードする銘柄を選ぶことはありますか？

基本は全銘柄を見ているから気にしていないね、それよりもボラティリティ（価格変動率）かな。ただ、自分がピックアップした銘柄を見たら「たまたま自動車セクターが多かった」みたいなことから、自動車セクターに資金が入り始めているというのを知り得たりする。つまり初動を感知しやすいね。

ファンダメンタルズ・テクニカル・需給・大口投資家の方向性を見る

デイトレードでは、ファンダメンタルズ派やテクニカル派などあると思いますが、Ｋｏ：ｊｉさんはどっち派ですか？

僕は超短期トレードをメインにしているけど、まず**ファンダメンタルズをしっかり見る**。スクリーニングする銘柄の決算情報はしっかり確認。四季報を見て情報を全部エクセルに落とし込んでいるよ。

え！

そんなの基本だよ。だって、**ファンダメンタルズを得意とするスゴ腕の投資家はスクリーニングした会社の工場を見に行ったりもする**からね。例えば、三重にあるシャープの亀山工場に海外の競合メーカーが来てトラックの出入りを数えていたみたいだし、最近は衛星から車の台数さえ画像処理で自動カウントしたりする。

やっぱりプロはレベルが違いますね……。

僕はそこまではしないけど、決算情報は頭に叩き込むようにしているよ。あと、適正株価も計算して、**ファンダメンタルズとテクニカルの条件、需給状況を同時に判断**できる

ようにしている。テクニカル分析ではローソク足・出来高だけを見ているけど、毎日続けるうちにローソク足の中に存在する投資家がどの辺で買ってどの辺で売っているか、その人々の表情が感覚的にわかるようになってくるんだ。需給については、個人投資家の含み損の量、しこりなどは僕がとても大切にしているポイント。

Ｋｏｊｉさんも十分プロ級ですよ。

ありがとう。あと僕が一番大切にしているのが、「**大口方向性読み（大口投資家の動き）**」だ。大抵の株分析については、さっき話したファンダメンタルズ・テクニカル・需給の３つが一般的分析に使われるけど、「大口方向性読み」もめちゃくちゃ重要だね。

大口方向性読み？ 資産家の動向ってことですか？

そうだね。大口（資産家）がここで仕込んでいるとか、株価を上げたいにも関わらず逆に売ってきたりしているとか、そんな動きを読めるようになるとすごく楽しい。これが

できるようになると、継続的に稼ぐことができるようになるよ。

へ〜、実際にどんな動きが読めるようになるんですか？

例えば、「**大口がどの価格帯でどれほどの玉を買って、この銘柄でいくらぐらいを稼ぎたいのか、を勝手に妄想し、どのくらいの値位置で抜けそうだ**」みたいな仮説立てをしてみる。そういうことを思いついたら、すぐ検証して手法のプログラムを組んでみる……、なんてことを繰り返している。まさにアジャイル開発だよね。

Ｋｏｊｉさんの本業は技術職ですもんね！　ちなみに、大口投資家は基本的には日経２２５を買うんですか？

日経先物が儲かる時には売買するけど、そればかりではないよ。大口は一番儲かるところにいくからね。例えば定期預金の金利が10％になったら株をやめるかもしれない。また有事があれば金とか、海外為替とか……、常に利率の良いところに資金を移動してい

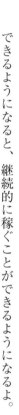

くよね。日本の市場は海外投資家の影響が大きいので、そのような動向を見るのも大切だよ。

日本の株価が上がる時って、大型株が上がって小型株は置いてきぼりのイメージなんですが、Ｋｏｊｉさんは大型株に投資することが多いですか？

小型・大型も気にしていないね。ただ、大口投資家は、コンピュータのアルゴリズムと手動を組み合わせて投資しているから、大口同士がその板にいると**アルゴリズム同士の戦い**になるんだよ。そうすると、個人投資家はちょっと戦いにくい……。しかも、大型株は唸るほどアルゴリズムが入っているので、**機械的な値動き**をする。板を見ていると金属音が聞こえてきそうなぐらい、ガチッガチッって感じで株価が動くんだ。だから、結果的に**グロース・スタンダード市場の値動きの軽い株を触ることが多い**ね。

アルゴリズム同士の戦い……、なんだかカッコいいですね。グロース・スタンダード市場の特徴ってなんですか？

板が軽い分、**急落しても瞬間的に戻して下髭ができやすい**ところかな。例えば、大口投資家が空売りすることで儲ける時に、小口の個人投資家も空売りでうまく便乗できたとする。アルゴリズムは一定量下げると戻すプログラムが組まれているので、個人のひ弱な空売りトレーダーが慌てて買い戻しをする。僕はその瞬間に波乗りする感じかな。

なるほど！　いやいや、簡単そうに言っているけど実際は超難しいですよね。

怖がらずに逆張りをする人がトレードに勝つ！

僕は大抵買いで臨むんだけど下げ相場が一番好きなんだよね。下がる中で買い戻される瞬間って必ずあるんだ。そんな時に波に乗ると勝てる。つまり、**みんなが怖がるタイミングで買える人が勝てる**って思っているよ。

暴落していると怖くて買えない人が大半だと思いますが、そこで勝負なんですね！

でも、その暴落から戻すかどうかの見極めができることが重要だよね。例えば、**一度乗ってみたけど思ったほど強い反発じゃなかった時にはすぐ利確して逃げる**。そして、さらに下で入り直す。これの「できる・できない」がデイトレーダーの生死を分けると考えている。通常の兼業スイングトレーダーは、市場がリアルタイムで見られないから、大きな下落に対処ができない。さらに、これをアルゴリズムが逆指値で狩りにきたりする。こういう値動きの中で、この作業ができないと**暴落の波にのまれて大損**しちゃうし、ナンピン※を無計画に行うと退場してしまうこともあるよね。

リーマンショックと言った歴史的な大暴落があった場合でも、同じように3分間でトレードするんですか？

大きな暴落があった時は、数週間くらいのスイングトレードをすることもあるよ。デイトレードにしても、スイングトレードにしても陽線だけをきっちり取れる時に取ってい

※保有銘柄の株価が下落した時に、買い増しで平均購入単価を下げる手法

くのが大事だからね。あと、もう潰れる直前の会社がストップ安に向かって動く時に、大口が遊びだしてマネーゲームになる時もある。そんな時は、ストップ安直前でリバウンドするのを見極めて乗ったこともあったな。

本業があるから利益は少なくても負けずに積み重ねられる

いや〜、デイトレードなのに、仕事と投資を両立できていて本当に尊敬します。

でも、さっきも言ったけど**僕のスタンスとしては本業の仕事に集中することが大前提**。過去に1000万円の損失を抱えたけど、仕事をしていたからこそ持ちこたえることができたんだよね。だからこそ、トイレ休憩の3分間だけ集中して稼ぎはするけど、それ以外の時間はちゃんと本業に集中しているよ。

1か月の稼ぎはどれくらいなんですか？

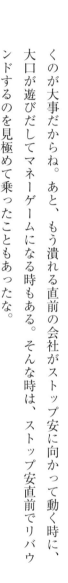

その月にもよるけど、数十万円〜百万円ちょっとかな。

会社員の給料にプラスして、それだけの稼ぎがあるなんて羨ましいです。

そうそう。**会社員の給料があるからこそ無理をする必要もなくなる。**1日の稼ぎが200円でも良いんだよね。お昼代が捻出されてお鮨が食べられた、とか。とにかく負けさえしなければ。**大きく稼ぐことより月10〜30万円でも、負けずに利益を蓄積することにフォーカスしている**んだ。

メンタルが弱い人ほど実はトレード（投機）が向いている

今日はいろいろと教えていただきありがとうございました！

もうそろそろ終電で帰らないといけないから、最後にアドバイス。まず、株を触るにしても**トレードなのか投資なのかははっきりさせた方が良い**。中長期投資の場合、含み損を長期間抱えるとメンタルに支障をきたす可能性があるから、本業や自分のメンタルの強さも考えながら決めてほしいな。**メンタルを保つ自信がない人は、トレードの方が向いていると思う**。かくいう僕もひよこメンタルです。ちなみに「私は投資家だ」と思っている人が多いけど、**たいていの人は投機家**。企業に対する投資は少なくとも5年はないと、新しい工場や商品は作れず、利益につながらないからね。5年以内の期間で買ったり売ったりする人は基本すべて投機家だと思う。

投資か投機かの判断、間違えないようにします。

あと、トレード（投機）に向かうとしても、**Xとかにいる情報商材屋とか売買を煽る人の話には絶対に乗ってはダメ**。その人たちが売り抜けるための情報であって、初心者が勝つことは難しいからね。

そうなんですね。注意します。

そうだね。初心者のうちは負けることもたくさんあると思うけど、すぐ取り戻そうとしないで。**負けたらトレードを一旦止めて、負けた理由を分析して原因を仮説立て、検証してから相場に再入場するのが大事！**今日みたいに「負けたー」って、やけ酒とか飲んでいる暇があったら負けた理由や反省点をノートに記そう。もちろん勝てた時もその仮説を。

……。

そしてさっき紹介した「TradingView」なら、デモトレードができるから、勝率100%になるまでトレーニング。こうして課題を改善させたら、ようやくお金をかけて本番に臨むといいよ。デモトレードはメンタルの影響がない状態なので、**それでも勝率が上がらないのであれば仮説が間違っているので、改善策が取れるまではトレードは休止。**山や海などを見に旅行に出かけた方がいい。それが**メンタルを養いつつ実力を上げてい**

き、勝ち続けられるようになる秘訣だよ。無駄な道に見えるかもしれないけど、結果的には勝ち続けるための近道だと思う。それじゃ、マンガ喫茶宿泊コースにならないように、帰りますね。話を聞いてくれてありがとう。またの機会に……、おやすみなさい。

マスター、僕もそろそろ帰るね……。

あれ、もう⁉ 朝まで付き合うつもりだったのに！

いや、帰ってやることができてさ……、明日は四季報を読み込むよ。

常連客

2

負け知らずのまま10年で資産4倍増「高配当バリュー株」が見つかる思考法

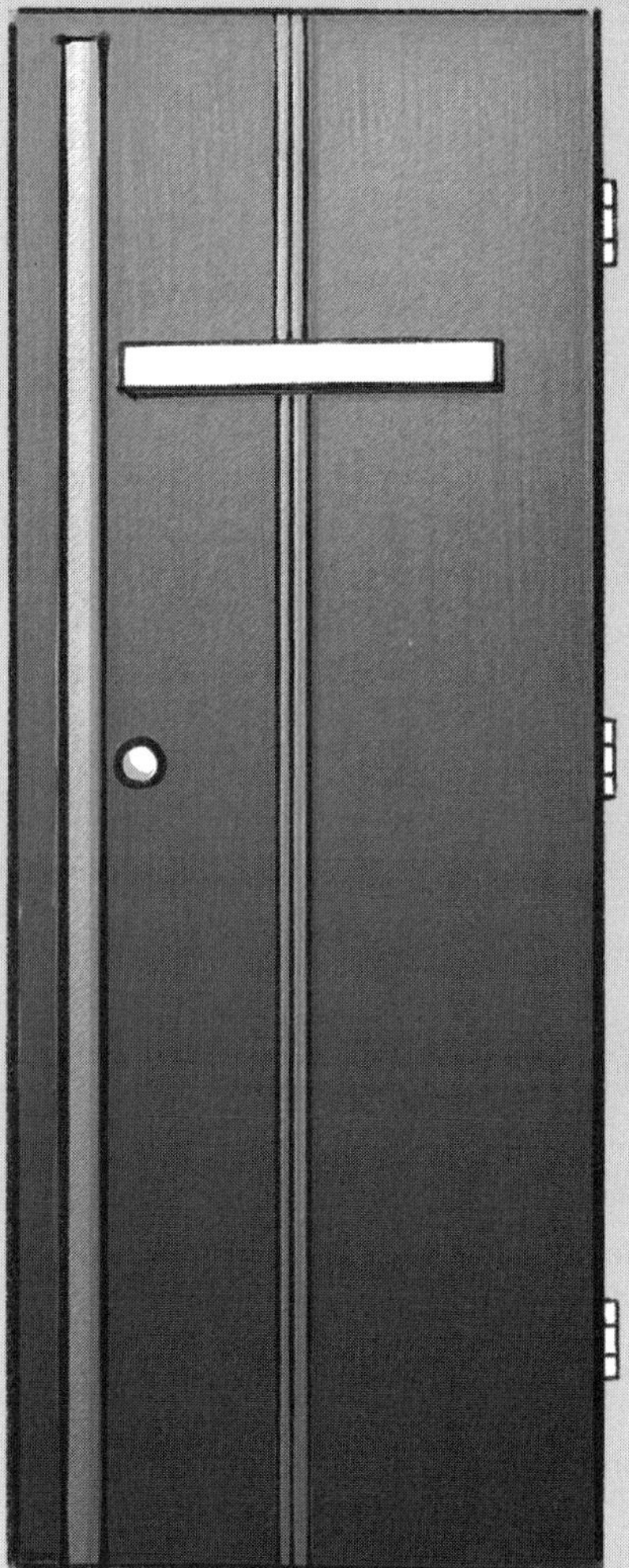

話を聞いた常連客

なべさん

高配当バリュー株の長期投資で
これまでの勝率は9割超のなべさん。
着実に資産を増やし続ける
魅力ある銘柄の
探し方の極意を聞いた。

40代兼業投資家。IT系上場企業に勤務。日本株のみ高配当バリュー株40銘柄に長期分散投資して、資産は3億円に到達。趣味は読書、映画、旅行、投資家バーではいつもワインをたしなむ。

X:@nabesannda

いらっしゃい！　あれ、久しぶりだね。最近どうしていたの？

お久しぶりです。最近、仕事が忙しくて……、今日ようやく落ち着いてやっとお店に来られたんですよ。マスター、ビールちょうだい。

そうか、おつかれさま。

ありがとう。だから最近、投資もあまり見られていなくてさ～、まだまだ忙しそうだし、配当株の長期保有に手を出してみようかな。

長期なら**高配当バリュー株投資**がおすすめだよ。

高配当バリュー株投資？

この方はなべさん。君と一緒で、**会社員をやりながら投資もする兼業投資家**だよ。確か

億り人だっけ？

え〜、まだまだお若そうなのに。

も〜、勝手に人の資産額をバラさないでよ。今日初めて会ったんだよ。

あ、ごめん。てっきりもう顔馴染みかと。初対面なら、なおさら。いつも話してくれる高配当バリュー株投資についてまた聞かせてくれないかい？

それ、すごく気になります！　それで億り人になったんですよね、ちょうど今、**長期投資のプランを立てよう**と思ったんです！

急に鼻息を荒くさせちゃったね。今日、こうして隣の席に座ったのも何かの縁。僕の話でよければ、お話するよ。

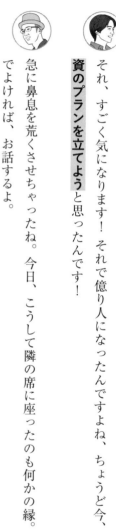

価値に対して割安な株を買って年率リターン20%を目指す

なべさんはいつ頃から投資を始めたんですか？

確かあれは、２００７年頃かな。

２００７年というと、ホリエモン（堀江貴文氏・当時ライブドア社長）のライブドアが有名だった頃ですよね。やっぱり、ホリエモンに刺激されたとか？

会社に入って4年目で、お金を増やしたいと思っていたんだ。それで投資に興味を持ったのは確かだね。ライブドアや村上ファンドがニュースになっていたので、**株ならお金を増やせるんじゃないかな**と思い、まずは投資の勉強を始めようと思ったのさ。

かなり若い頃から投資を始めたんですね！

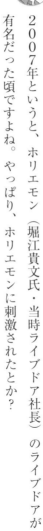

そうだね、まだ若く今ほど稼げていなかったけど、僕は基本的にあまりお金を使わないので、自然とお金が貯まっていて……、3年働いていたし、その蓄えで投資はスムーズに始められたよ。そこで、まずは投資の勉強をして「**バリュー株投資**」がいいということがわかってきた。

「バリュー株投資」って、どんな投資なんですか？

簡単にいうと、**会社の資産や利益に対して割安な株を買う投資の方法**だよ。当時、バリュー株投資で年率リターン（投資収益率）を20〜30％くらい出している人たちがいて、そういう人たちがブログなどで情報を発信していた。それで**年率リターン20％くらい**なら自分でもいけるかなと思って、バリュー株投資に興味をもったんだ。

年率リターンって、1年間の投資額に対する利益の割合ですよね？ 20％はすごいな〜。最初はどんな投資計画を立てたのですか？

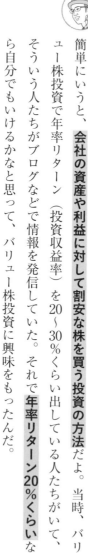

エクセルファイルを作って、毎年の入金額と目標の年率リターンを入れて、10年くらいやればいくらになるかなという計算から始めたよ。

それで……、毎年どれくらい入金していたんですか？

毎年２００万円から２５０万円くらいかな。初期投資として貯金が４００万円くらいあったので、10年で1億円が目標だった。

10年で1億円！　30代で億り人達成じゃないですか！

でも、順調ではなかったよ。２００８年のリーマンショックで株価が軒並み下がったり……。ただ、それでも変わらず入金していたので、安く買えて逆によかったかな。投資を始めたばかりだったしダメージはそこまでなかったよ、思い返せば。

暴落は怖いなあ〜。

でも**やっぱり続けることは大事**。初期投資で４３０万円、年２００万円ずつ入金していたけど、途中から入金額を２５０万円に増やしていったしね。

資産が減ったことはないんですか？

もちろんあるよ。けど、今までの成績を見てみると、この**11年はリターンが19％くらい**あるかな。

不景気・暴落時ほど魅力あるバリュー株がわかりやすい！

話を聞いていると簡単そうに言ってますけど、そんなにうまくいくわけがないと思ってしまいます……。

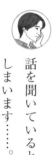

細かく見ればプラマイはあるよ。ただ、ひたすら入金していたので、**リターンがゼロの年があっても資産は増えていった**ね。投資を始めてから10年で２８００万円くらい入金して、１億３０００万円になった。**10年で4倍**ってことだね。

すごい！　暴落でガクッと下がったものはないんですか？

もちろんあるよ。一時的には半分以下になったものも……。

それでも入金は続けたことですよね。

その通り。勉強していたからね。バリュー株投資というのは会社の価値を見て投資をするから、その時々で各銘柄の理論株価を常に計算できる。そうすると、**今のこの株価は明らかに安いっていうのがわかってくる**んだ。それがわかったから僕はリーマンショック時も入金した。あの時は、安い株が明らかにわかりやすかったね。

入金額と金融資産の推移

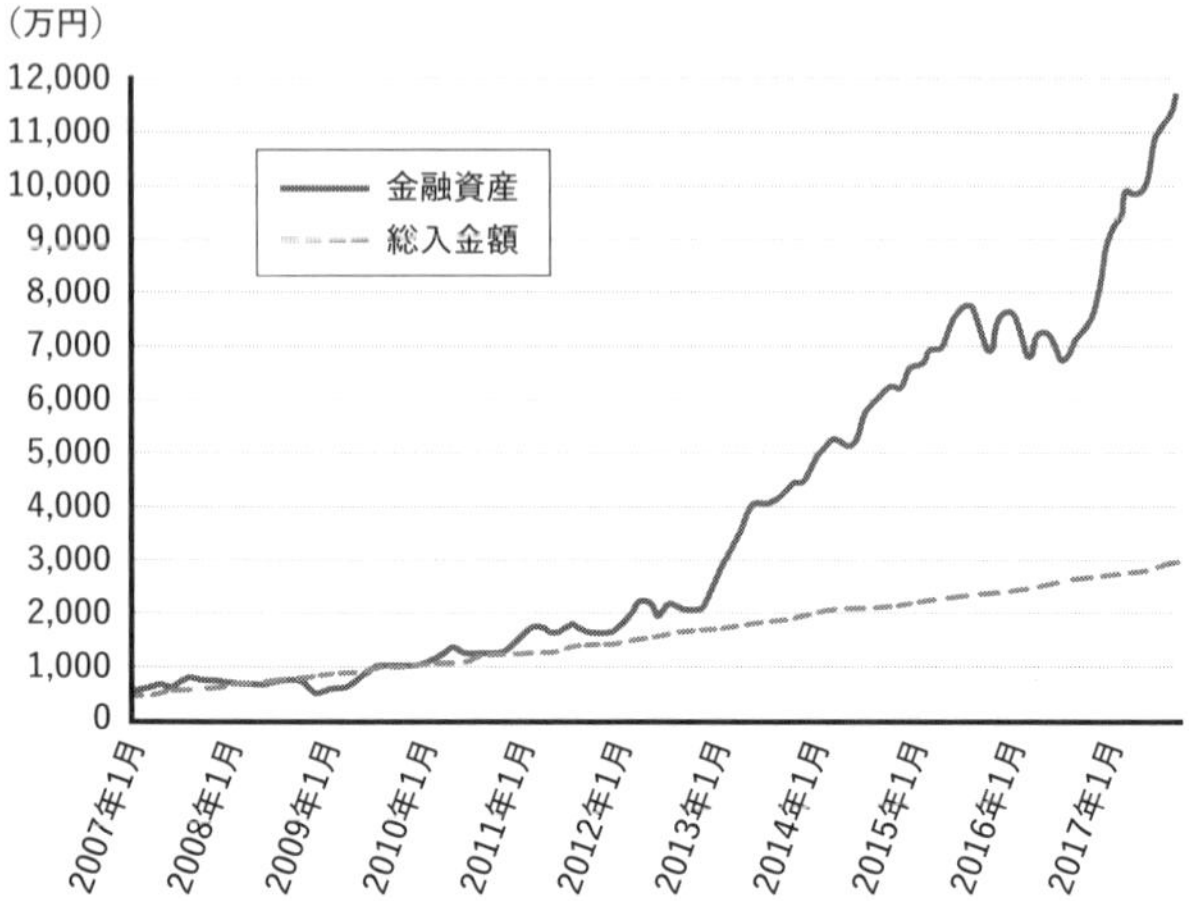

年月（年末）	資産（万円）	入金（万円）	リターン
2006	430	430	
2007	648	200	10.9%
2008	547	200	-39.2%
2009	1082	200	55.1%
2010	1559	200	23.2%
2011	1715	250	-5.5%
2012	2632	250	35.9%
2013	4968	250	77.3%
2014	6605	250	27.3%
2015	7657	250	12.1%
2016	9225	250	16.5%
2017	**13150**	125	40.8%

総入金

2855万円

2007年1月から運用開始、2017年5月に億り人達成（10.5年）

初期入金 430万円　総入金 2855万円（231万円／年）

年率リターン 19.1%（税引き後含み益あり、TOPIX：2.5%）

安い株が明らかにわかるって、どういうことですか？

リーマンショック時は株価が暴落して、世界中に不景気が押し寄せていたよね。**そういう悪い時こそ、業績が落ちない銘柄、将来への伸びしろのある銘柄は調べるとすぐにわかる**んだ。ちょっと景気が悪くてもビクともしない優良銘柄がどれなのかわかりやすかったたな。

なるほど。きちんと勉強をして、データも押さえていると、**リーマンショック時でも逆にチャンス**だと思えたというわけですね。それで今の資産は……。

3億円くらいかな。

え!? ２００７年に投資を始めて10年目の２０１７年の時に1億３０００万円ですよね。そこから7年で倍以上になったんですか？

そうだね、コロナの時までは低迷していたんだけどね。２０２１年くらいからまた上がり始めたな。

確かに日経平均のチャートを見ても２０２０年末からの伸び方はすごいもんな〜。

でも勝手に増えたわけじゃないよ。コロナで株価が下がった時も、**僕はバリュー株を探して買い増していたから**資産を増やせたってわけ。

バリュー株投資には「資産」「収益」の2種類がある

これだけ結果が出ているバリュー株投資ってすごいですね。俄然、僕もやってみたいと思いました。もう少し詳しく「バリュー株投資」について教えてください！

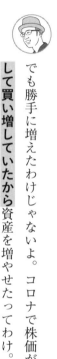

詳しく話すと長くなるけど、ちゃんとついてきてね。バリュー株投資を簡単に説明すると、会社の資産や利益に対して割安な株を買う。**会社のバリュー、つまり価値に対して、株価が安いと思う株を買う**んだ。

会社の価値……。

価値という言葉でピンとこなければ、会社の実力と言い換えてもいいよ。この判断が当たっていれば、いずれ会社の評価が追いついてきたり、人気が出てきたりして株価も上がってくる。そうしたら売るというやり方だよ。

会社の価値、実力はどうやって判断するのですか？

まず、バリュー株投資には2種類ある。「**資産バリュー**」と「**収益バリュー**」の2つだ。

「資産バリュー」と「収益バリュー」ですか。

純資産に対して割安な株を「資産バリュー株」という。その会社が持つ資産に対して、この株価は安過ぎるなという株を見つけて投資をするんだ。そういう株はゴロゴロあるんだよ。

ゴロゴロあるんですか？

あるよ。やっぱり利益が出ていないと株価っていうのは安くなるんだ。それから、会社の資産には現預金の他にも、不動産や有価証券などいろいろとある。バランスシートに載っていない資産もあるんだ。さらに会社に負債があれば、それを差し引いて、純資産を割り出す。**その純資産に対して株価が割安だなと思った株を買う**。これが「資産バリュー株投資」だ。

なるほど。すごく簡単にいうと、「資産バリュー株投資」は会社の資産を調べて、その価値に見合った株価が反映されていない、つまり割安だなと思う株を探すんですね。

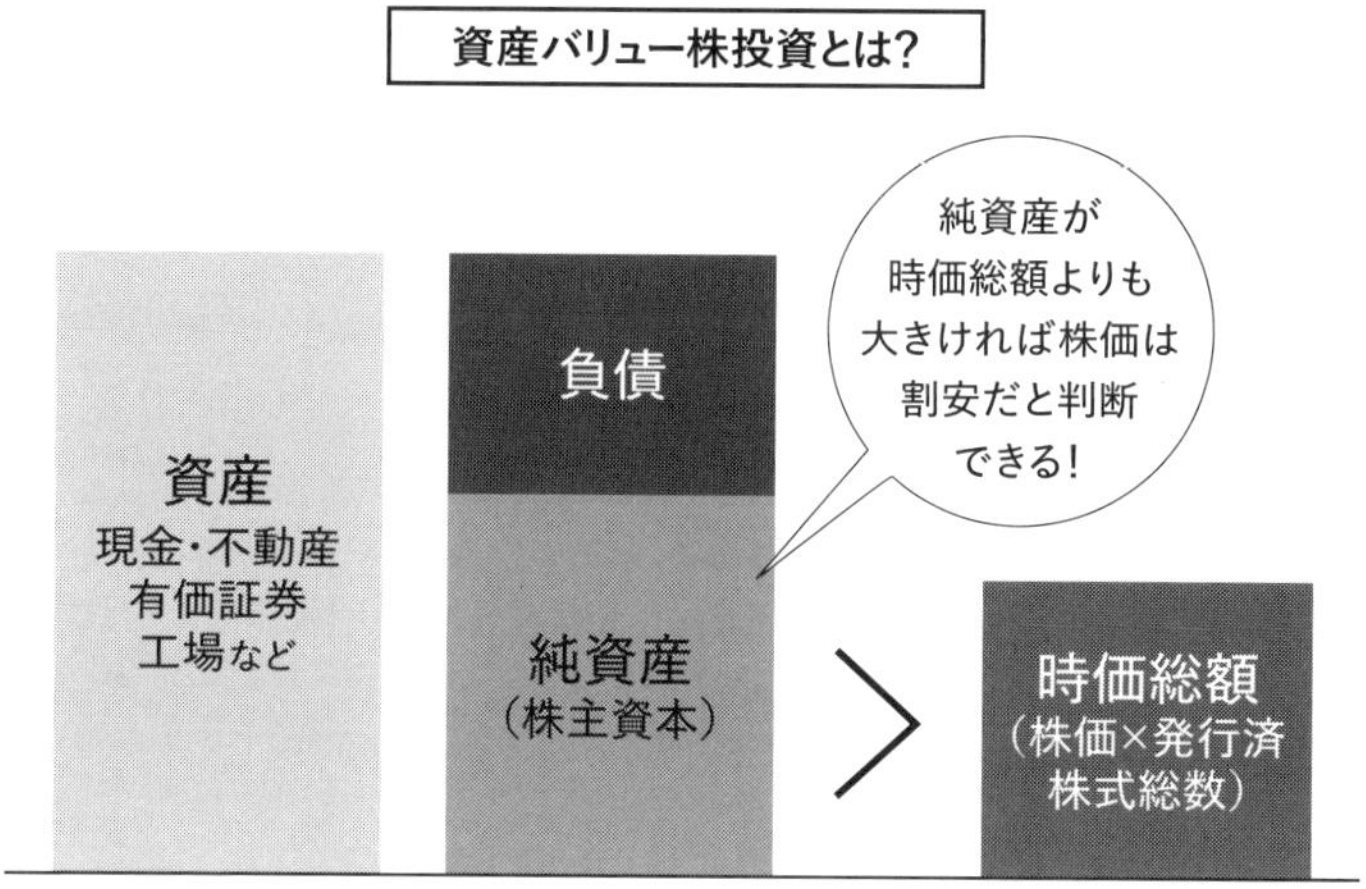

そういうことだね。そして、僕が実践しているのがもう1つの「**収益バリュー株投資**」だよ。こっちは、どちらかというと、**利益に対しての株価が安いものを探す方法**なんだ。会社が稼いだ利益に対して、株価が安過ぎる株というものもたくさんあるんだ。

PER5～6倍のバリュー株を買って10～15倍になったら売却

利益が出ているのに割安で放置されている株がたくさんある……。普通、儲かっている会社があれば投資家も放っておかないと思いますが。

宝探しみたいなもんだね。僕は「**ヤフー!ファイナンス**」や「**株探**」を使って探しているよ。他には四季報を使ってもいい。まずは、ヤフー!ファイナンスのランキング機能を使って、PERの低い順に銘柄を探すんだ。

PERって、確か「株価収益率」でしたっけ。

その通り! **株価が1株当たり純利益の何倍の価値になっているかを示しているもの**だね。例えば、1000円の株価で、1株あたり100円を稼いでいたら10倍、50円を稼いでいたら20倍だね。当然、前者の方が割安。数字が小さくなるほど優秀なんだけど、僕がよくやるのは、**PERが5~6倍の会社を探している**よ。

PERが5~6倍なら合格点なんですね。

あくまでも指標の1つだけどね。例えば、今話題の東京エレクトロンのPERは24・44

倍（２０２４年9月30日）だよ。これは割高になっているので、僕だったら狙わない。ＰＥＲが５〜６倍の会社の株を買って、それが徐々に上がっていって10〜15倍になったら売却を考えるのが僕のやり方だよ。

へ〜、なるほど！　じゃあ、ＰＥＲランキングを上から買えばいいってことか！

待って、それは違う！　ＰＥＲの指数が低くても、なかには危ない会社も多いんだ。ＰＥＲが１桁の会社は注意が必要だね。

う〜ん。ＰＥＲだけでは判断できないのか〜。

そうだね。つまり、その中でもいいものを見つけるんだ。玉石混交、石ばっかりだけど、何個かは玉もある。その玉を見つける。例えば、**低ＰＥＲランキングで上位３００社から探したら、明らかに掘り出し物の株って10社くらい**かな。

３００社のうち10社ということは３％くらいですか。その10社はどうやって見つけるんですか？ 石と玉の違いが僕にはよくわからないよ……。

食い付きが良くなってきたね。そうだな……、例えば、利益が安定しているとかで判断する。

利益が安定しているというのは、何で確認するんですか？

主にＲＯＥ（自己資本利益率）を見ているよ。

過去の業績を見るということですか？

そうそう。**ROEは、企業がどれだけの利益を上げたのかを示している数値**だよね。例えば、自己資本１０００万円の会社が純利益１００万円ならＲＯＥ10％。数値が高いほど経営効率よく利益を出しているということになる。大体、10％以上だと良いという目

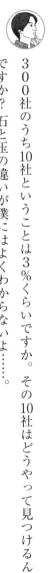

安になっているかな。

ROEって上手に見る自信がないのですが、過去の業績をどうやって眺めたら「安定している」ってわかるのでしょうか。

単純に、**過去20年の業績が右肩上がりなら合格**だよね。あとは、業績がそこまで大きく上がってはいなくても、**赤字にはなっていない**なとかでも判断できる。

なるほど。「収益バリュー株」は会社のそういうところを1つずつ見ていくのですね。

増配期待銘柄が見つかれば将来の値上がりも期待できる!

それから、**配当が今後増えそうな企業の株を探す**っていうことも大切だよ。配当が増えれば人気が出て、株価は上がるからね。

配当が今は低いけど、今後増えそうな株を狙って買うということですか？

そうだね。ＰＥＲが低いと、だいたい配当も低いんだ。ということは人気も出づらいので株価も低い。ただ、そういう数値の低い企業でも、利益（ＲＯＥ）が安定していると判断できるなら、僕にとっては狙い目の銘柄だということになる。それに加えて**配当が今後上がりそうな気配があるなら最高**。そういう、増配しそうな株を狙っているよ。

増配する会社は増えているんですね。

日本でもちょっとずつ世間がそういう風に変わってきたからね。実際に東証でも、株主を意識した経営をするように指導が入っているし、海外投資家が増えて、株主の要求も強くなっている。経営者の考え方も変わらざるを得ないんだろうね。

高配当バリュー株投資のコツ① 成長する株を探すには？

企業が増配していくかどうかは何を調べたらわかるんですか？

企業が発表している**中期経営計画書**を読むと、最近だとだいたい載っているよ。ちゃんとした企業なら、こういう方針でやりますということを発表している。例えば、**配当性向を上げます**とか、**累進配当をやります**とかね。

配当性向？ 累進配当？

配当性向は、**純利益の中から配当金をどのくらい支払っているかの割合**のこと。これが高いほど配当金は高くなる。株主からしたら、高い方が嬉しいよね。累進配当というのは、**「配当金を一定期間減らさないですよ」という企業の宣言**のようなもの。利益が下がったとしても配当金は減らないということなので、累進配当を導入する企業は安定し

ている企業が多いよ。

配当性向が高かったり、累進配当を約束してくれたりするなら、株主は嬉しいですね！

そうだね。でも配当は低いけれど、その分、会社の設備投資や成長に投資しますという方針の企業もあるよ。企業が成長するなら、これはこれで悪いことではないんだ。

そうなんですね〜。ちなみに、大型株、中小型株など、どのあたりの規模の株を狙うっていうのはありますか？

その時に株価が割安かどうかで見ているので、大企業かどうかといった規模ではあまり見ないかな。

成長といえば、最近は半導体関連ですよね。狙い目ですか？

いや、そういった企業の株価はすでに高くなってしまっているので、バリュー株投資の目線ではオールドエコノミーあたりが狙い目ということになる。**僕がよく見ているのは鉄鋼、機械、化学等の専門商社**だよ。

どこかの子会社ということでしょうか？

子会社が多いね。**専門商社は、仕入れて売るという経営モデルなので、利益が比較的安定している**んだ。

なるほど。利益は安定しているけど、成長率は高くない、知名度も低い。そうするとあまり人気が出ないので、株価は低いということなんですね。

そういうこと。**株価が爆発的には上がらなくても、上がっていくだろうな**という銘柄はある。そういう会社を見つけるんだ。

よく知らない会社の株を買うのは初心者にはハードルが高いですよね。会社の名前を知っているから良いってものではないというのは理解しているのですが……。

有名な会社がいいかっていうとそうとは言い切れないからね。そこはそういうものだと思って、自分の中で判断基準を決めて見ていった方がいいよ。

利益率の良い商社株をバリュー株投資の観点で比較してみると?

銘柄の選び方をもう少し具体的に教えてほしいです。

商社で見るとわかりやすいよ。商社の中で三菱商事って明らかに株価が高いんだ。だから僕は三菱商事は買わない。買ったこともあるけどね。でも、商社をいろいろと売ったり買ったりして入れ替えをしていくと、残ったのは**丸紅**と**住友商事**だった。これは、**企業の価値に対して株価が安い**と判断したからなんだ。

なるほど。三菱商事は商社の中でも最大手で有名企業ですもんね。だけど人気がある分、株価も高いんですね。

これまで商社の中で一番リターンが高かったのは**伊藤忠商事**だね。あれはＲＯＥが高い。

伊藤忠商事は経営効率がよく、有名企業なので人気もある。ということは株価も高くなるので、なべさんは買わないということですか？

でも、最近は**ＲＯＥが高ければ、株価が少し割高かなと思っても買う**ことはあるよ。

買うんですか！

ＲＯＥが高い銘柄はとりあえずチェックするよ。基準としては、とにかくＲＯＥ10％以上だね。

それは配当が上がるだろうと見込んでですか？

それもあるし、成長が見込めるからね。**ROEが高水準だと、利益を確保しやすいので、純資産が蓄積されていく**。そうすると自社株買いなどの**株価が上がる施策**が期待できる。

高配当バリュー株投資のコツ②　買いと売り・保有の基準は？

上がると思って買ったのに下がっちゃった株はないんですか？

もちろんあるよ。

やっぱりあるんですね～。急に不祥事があって株価がガーンと下がることもありますもんね～。

あるね〜。

そういう株はどうするんですか？

自分が思っている目標株価に届いていなければ持ち続けるよ。

目標株価……？

さっき、ちょっと話したけど、僕は株を買う前に「**この株はこのくらいの株価まではいくはずだ**」という見通しを立ててから買う。ここで立てた見通しを「**理論株価**」、あるいは「**目標株価**」と呼んでいるんだ。この目標株価に届いていない場合は保有し続ける。目標株価に届いたら必ず売るかっていうと、そういうわけでもないんだけどね。ただ、売ってもいい株ということにはなるね。

指針となる数値を決めるんですね。

そう。バリュー株投資をするなら、この見通しを必ず立てる。目標株価を設定するということがとても大事なんだ。

売却か、保有か、どう判断しているんですか？

実力的にはこれくらいでしょっていうのを考える。例えば、ＲＯＥが10％の銘柄があるとする。ＲＯＥが高いと成長が期待できるとさっき言ったよね。そうすると、ＰＥＲが今は7倍でも将来は10倍、15倍になることが期待できる。この**期待値のＰＥＲとＥＰＳ（1株当たり純利益）を掛けると、僕の言う目標株価が計算**できる。

う～ん。難しいな。

丸紅を例に見てみよう。２０１５年は目標株価１５４５円に対して株価は７１３円、２

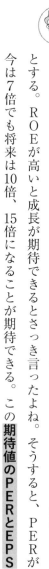

丸紅 過去の目標株価と実際の株価

年	BPS	予想EPS	目標PER	目標株価	株価	備考
2015	875	103	15	1545	713	
2016	759	75	15	1125	476	
2017	829	98	15	1470	696	
2018	880	132	13	1716	834	
2019	998	136	12	1632	683	
2020	732	98	12	1176	497	次年度EPS予想
2021	966	133	12	1596	906	
2022	1217	232	12	2784	1385	
2023	1611	253	12	3036	2454	
2024	2066	287	13	3731	3060	

（5月末時点）

０１６年は１１２５円に対して４７６円と、基本的に**株価が目標株価の半分以下**だった。だから**下がっても持ち続けていた**ってわけ。

目標ＰＥＲはどのように設定しているんですか？

そこは感覚だね。ＲＯＥが15%で成長しそうな企業なら10倍よりも高く設定して、13倍にするかな〜、といった感じだね。

ＲＯＥが高ければ経営効率が良く、経営効率が良い会社は成長していくだろうという予想を立てるのですね。

株価リターンシミュレーション

購入時の株価指標　PER＝7, PBR＝0.7, ROE＝10%, 配当性向＝25%

年	純資産	配当	PBR	株価	配当利回り
0	100.0	0.00	0.70	70.0	-
1	107.5	2.50	0.76	81.7	3.57%
2	115.6	2.69	0.82	94.8	3.29%
3	124.2	2.89	0.88	109.3	3.05%
4	133.5	3.11	0.94	125.5	2.84%
5	143.6	3.34	1.00	143.6	2.66%

ＲＯＥ以外の側面も見て、あまり成長しそうにないと思ったら、目標ＰＥＲは10倍にするかな。

なるほど。でも、丸紅の目標株価は決算後の予想ＥＰＳ×目標ＰＥＲで算出しているんですよね。これから**買う株の将来的な目標株価（業績）はどう計算**しているんですか？

いい質問だね。上のシミュレーションの表を見てくれるかな。この企業の場合、ＲＯＥ10％、配当性向25％を固定条件にしている。さらに、ＰＥＲ7倍、ＰＢＲ

0・7倍で、純資産（株主資本・BPS）100円、株価70円だったとする。

表に書くと、わからないなりにスーっと頭に入ってきます。

ROEが10%だから、毎年純資産がROE×（1－配当性向）分だけ増えるよね。つまり、10×（1－0・25）＝7・5%。**純資産は、100×1・075×1・075と毎年増えていく**んだ。一番左の列の数字だね。

あれ、**5年後に株価が2倍**になっている！

そう、純資産が順調に増えていき、それに応じてPBRの数値が上がっていくと、株価も上がっていくんだよ。

つまり、シミュレーションで見ると、BPS（143・6円）×PBR（1倍）の株価は143・6円。これが5年後の目標株価なんですね。

まあ、そういうことだね。

なべさん独自の計算式を見つけたのですね。

僕は割安と目をつけた銘柄は全部リストアップして目標株価を計算して、エクセルで管理しているよ。そして、**自分が出した目標株価の半分くらいの株価だったら**買う。**どの銘柄も基本的には5年で倍になる見通し**を立てているよ。

1日単位など短期的な売買はしないんですね。

そうだね。買うと基本的にはしばらく放ったらかし。思ったよりも上がるのが早かったら売ったりもするけれど、**マイナスになっても損切りはほとんどしない**かな。

話を聞いていると、なべさんが理論家だということがわかりました。それにしても、すごい勝率ですよね。ほとんど負けてないんじゃないですか？

下がっている株はもちろんあるよ。だけど、下がったとしても売らないし、最終的な勝率は高いね。**負けは1割もない**と思うよ。

高配当バリュー株投資のコツ③　株を売却するタイミングは？

買い時も売り時も素人からしたら難しいのですが、どういうタイミングで売ろうって決めるんですか？

バリュー株投資の観点を持っていると、株価が上がってきた時に「**この企業に対してこの株価は割高だな**」っていうのがわかってくる。その時、他に割安な株を見つけると、そっちを買って割高になった株を売る。つまり、僕は基本的には入れ替えっていうイメージだね。

入れ替え？

もっと欲しい株が出てきた時に、それを買うために今持っている株を売るんだ。株価が割高になってくると、保有していてもなかなか資産が増えなくなってくる。だからもっと上がりそうな株と入れ替えるんだ。

ちなみに何銘柄くらい持っているんですか？

40銘柄前後だね。たくさんあると管理も大変だしね。

目標株価に到達したものから入れ替えるってことでしょうか？

そうだね。あと、ＰＥＲを見て他の同業他社と比べたりはするよ。さっきＰＥＲが低いと割安だと言ったよね。同業他社と比べてＰＥＲが低ければ割安、高ければ割高というのがわかりやすいかな。

同業他社と比べるんですね。

でも、ＰＥＲが高くてもＲＯＥも高ければ、もうちょっと保有してもいいかなと判断する時もある。あとは、**増配しそうだな、成長しそうだな、この会社には特有の強みがあるな**と思ったら、ちょっと割高でも、売るのはもう少し待ったりもするよ。

いろいろな側面を見て複合的に判断するんですね。

着実に資産を増やしたいなら長期的なバリュー株投資がおすすめ！

なべさんは資産も増えていろいろな投資方法に挑戦しやすい環境になったのだと思いますが、これからもバリュー株投資が基本方針で変わらないんですか？

変わらないね。バリュー株投資って、株価が下がっている時でも買い増すという買い方をする。だから、**長期的に見れば勝率が高い投資方法**なんだ。

なるほど。積み立て投資と似ていますね。それでも負けちゃう人がいるのは、なぜなんでしょう？

バリュー株投資で負けている人は見たことがないな〜。

えっ⁉

厳密に言うと、「**バリュー株投資を続けている人で負けている人は見たことがない**」だね。途中でやめちゃっている人はいるよ。そういう人は負けたということになるのかもしれない。でも、バリュー株投資を長く続けていて資産が減り続けているという人は見たことがない。投資成績が僕よりすごい人はたくさんいるよ。

ＰＥＲやＲＯＥって株の入門書にも書いてあるような基礎的な知識だし、みんな実践しているのかと思っていました。

そうそう。でも、それを続けている人は意外と少ないのかもね。

僕も基礎から学び直して、バリュー株投資を続けてみます！

常連客

3

ゼロから築いた資産46億円への道のり
1億円の作り方と46億円の増やし方

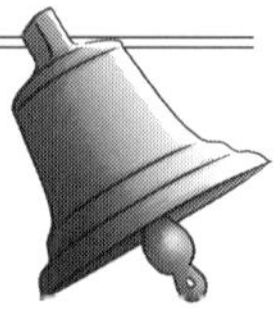

話を聞いた常連客

マサニーさん

総資産46億円。
1億円なら運や才能もなく
誰でも作れると言うマサニーさん。
その思考論、投資術、裏話まで
たっぷりと聞いた。

純金融資産46億円の成金ニート。オルカンに36億円と、スタートアップ企業数十社に投資している。全財産をすべて使い切るという目標達成のために贅沢な日常生活をXにポスト中。テレビや雑誌などメディアにも多数出演。著書に「インデックス投資一択で億り人(KADOKAWA)」がある。

X:@alljon12

マスター、このバーは投資家がたくさん集まるけど、やっぱり億万長者っていう人も多いんですか？

そうだね、結果を出している投資家はお金持ちだよね。

ちなみに最高額ってどのくらい？

そうだな〜、それは見上げれば果てしないさ。あ、あそこに座っているマサニーは**資産46億円のニート**としてXでも人気だよ。

よ、よ、46億円⁉ 桁違いのお金持ちですね！ 資産が46億円もあったら、どんな生活をしているのかも気になります。

そうだよね、もうＦＩＲＥ済みで、今は全財産を使い切ろうと旅行なんかにもよく行っているみたいだけど……。でもマサニーは会社員時代に投資を始めて、資産を46億円に

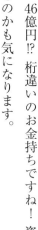

まで増やしたらしいよ。

え〜！**投資のスタート地点は僕と同じ**だったということですか。

そうそう。資産を築き上げた話が面白いんだ。ぜひ聞いてみるといいよ。

マスタ〜、さっきからずっと僕の話をしていたでしょ？

ごめんごめん。マサニーも有名人だし、そりゃあ、「マサニーの話を聞きたい」っていう人は大勢いるからね。もしよかったら、ここにいる新米投資家くんに、話を聞かせてくれないかな？

ほ〜い、いいよ〜。マスター、ワインをちょうだい！

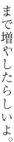

資産1億円を目指すのに投資の才能や運は必要なし！

マサニーさん、はじめまして。ぜひお話を聞きたいです！

こちらこそよろしくお願いします！ ちなみに、年も近そうだし、敬語はやめて楽しく話しませんか？

そうですね……、では気軽に。マサニーさんはどうやって資産を46億円まで増やせたの？

いやいや、僕も最初は普通の会社員。**投資を始めた頃は月給が手取りで25万円**だったけど、そこから投資を始めて資産を増やしたんだ。46億円まで増えたのは運の良さもあるけど、**資産1億円、つまり億り人なら投資の才能や運がなくても誰でもなれる**と思っているよ。

え〜、僕でも億り人になれるってこと？

もちろん！　資産1億円までは真似さえすれば、誰でもできる資産運用法がある。運には左右されない、真似さえすれば大丈夫。つまり、「**再現性が高いやり方**」があるっていうこと。

それはぜひ教えてほしい！

単刀直入に答えを言ってしまうと、億り人を目指すために、一番重要なのは「**入金力を上げる**」ことなんだ。

入金力？　何それ？

資産1億円を達成するには「入金力」がものを言う

入金力とは一言でいえば、「**投資に回せる金額**」のことさ。

僕だったら、今は収入25万円だから……、投資に回せるお金は5万円くらい？

その発想がまず入金力の考え方からズレているね。

え～。言っている意味がよくわからないな～。

普通は、**収入から生活費などの支出を差し引いた残金が自由につかえるお金**。それをすべて投資に回してもいいわけだよね。

でも、友達と飲みに行ったり、洋服を買ったり、自由に使えるお金って投資にだけ使うわけではないと思うけど……。

それじゃ、入金力が高い人間になれない＝億り人にはなれないってことだな。

つまり節約しろってこと？

その通り！　節約をして支出を減らして自由に使えるお金をまず増やす。しかも、それを**全部投資に回す**んだ。**贅沢は億り人になってからでもいい**よね。それに、自由に使えるお金＝投資に回すお金を増やすためには、収入を上げるよりも支出を下げる方がずっと簡単なんだよ。

え〜、ちょっと実感が湧かないなあ。

僕が投資を始めた頃は会社員で月給が手取り25万円だったと言ったけど、これはたくさん残業してこの額。あの頃は寝る間も惜しんで、胃潰瘍ができるくらい働いていたな。本業の他にアルバイトをして収入を増やすなんてこともしていたよ。

へ〜、そんな時代もあったんだ。

そんなことをしているうちに、収入を増やすよりも支出を減らす方が楽だと気づいた。**月の収入を5万円増やすよりも、支出を5万円減らす方が僕には楽だった**んだよね。

う〜ん。

例えば、お給料をもらうと、そこから税金や社会保険料が引かれるよね。収入が上がれば、それだけ、引かれるお金も増えるわけだ。

確かに。せっかく昇給したのに、税金も増えて悲しい経験が……。

それに対して、支出を削れば、削ったお金をすべて投資に回すことができるんだよ。誰にも邪魔されない、つまり、**自分の努力次第で入金力に直結する**んだ。

入金力を上げるイメージ

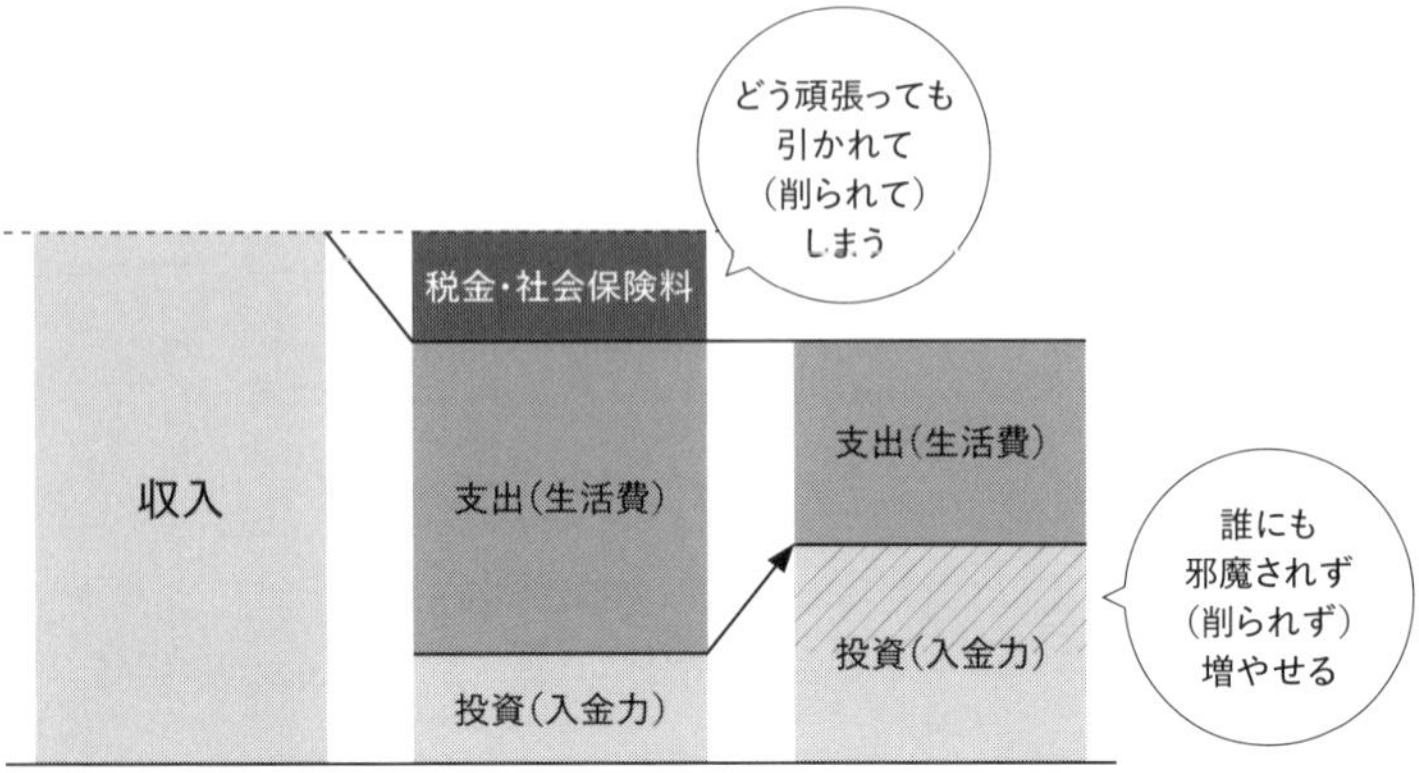

なるほど。収入には課税されるけど、節約には課税されない……。でも毎月カツカツで削れる支出なんてないよ〜。

入金力を格段に上げるマサニー流「節約術」を伝授

そんなことないって。例えば、君は普段飲み物をどこで買っている？

普通にコンビニや自動販売機……かな。

自動販売機だと1本150円から180円するよね。コンビニでも150円前後はする。

僕はいつも節約術としてマイボトルを持っていた。

マイボトルか〜。

毎日１本ペットボトルの飲み物を買うとすると、１か月の支出は１５０円×30日で４５００円だよね。１年間だと５万４７５０円になる。これは大きいよ。保温機能が付いたマイボトルなら２０００円程度で買えるでしょう。１か月も使えば購入金額以上のリターンは充分ある。**これほどリスクが低くてリターンが大きい投資はないよ**。

なるほど！**節約も投資**という観点で考えるのか！

そういうこと！**節約はリスク0でリターンが確実にある投資**だと思うと楽しくなってこないかい？

僕は節約が苦手だけど、これは投資なんだと思えば続けられるかも！

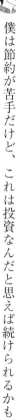

あとは**毎月支払っている固定費の見直しも超有効**。例えばスマホ料金。格安ＳＩＭに変えれば、年間４万円の削減ができる。マイボトルと格安ＳＩＭを使うだけで、もう**年間10万円近く節約**できている。こういう風に、自分の出費の中で削れるところはないか、無駄遣いしているところはないかを１つずつ見ていくことがコツだね。

確かに、僕は毎日無駄遣いをしちゃっているな。お茶やコーヒー、お菓子を毎日コンビニで買っているし……。

まずはそういう支出を削るところからだね。僕は**コンビニには行かないというルール**を自分に課していたよ。コンビニはスーパーに比べて割高だし、行くと無駄遣いしちゃうからね。あと、今だと**使っていないサブスクは解約**した方がいいかもね。

サブスクには毎月数千円、支払っているかも。娯楽は他で探してみようかな。

娯楽なら図書館がおすすめだよ。無料で本が借りられるし、漫画や映画のＤＶＤが借りられる図書館もある。

図書館か～。そういえば大人になってからは行ってないな。投資の本を探しに久しぶりに行ってみようかな。

休日を図書館で過ごせば、冷暖房の電気代も節約できて、投資の知識も勉強できるから一石二鳥だよ。漫画を読んでリフレッシュするのもいい。とにかく、いろいろと節約する方法はある。月々の支払いを見直すだけでもかなり変わる。僕はそういった節約も楽しんでやっていたよ。そして節約した分は投資に回すんだ。

節約のモチベーションってどうやって保てばいいかな？

目標金額を決めて、そのために必要な時間と入金額を数値化することが大事だよ。例えば、利回り４％で毎月15万円を積み立てれば30年間で資産１億円が達成できる。

マサニー流節約チェックリスト

1	マイボトルに投資して毎日の飲み物代を大幅カット
2	コンビニには行かずスーパーを使う。無駄遣いのタイミングを減らす
3	スマートフォンのキャリアを格安SIMに変える
4	光熱費、水道代など公共料金を見直す
5	使っていないサブスクは解約
6	図書館利用で娯楽費・電気代を節約
7	手数料無料のATMやネット銀行の利用でATM利用手数料を0円にする
8	飲み会は幹事を引き受け、クレジットカードにポイントを貯める
9	日本の保険制度は最強！　生命保険や就業不能保険は加入しない
10	ふるさと納税で日用品をゲット！　翌年の税金も安くなる

大変そうだけど、確かに実行できれば誰でも1億円は達成できそう。

でしょ。必要な入金額がわかったら、家計簿をつけることだね。**家計簿をつけて支出の把握は絶対にやった方がいい**。今はスマホで家計簿アプリもあるし、習慣化してしまうのがいいね。あとは1億円を目指す場合でも、**2000万円、5000万円といった途中の目標地点を決めておく**のも大切。

自分の日々の支出も、目標金額へのルートも、数値化して目に見えるかたちで把握することが大切なんだね。

毎月15万円を利回り4%で積み立てた場合

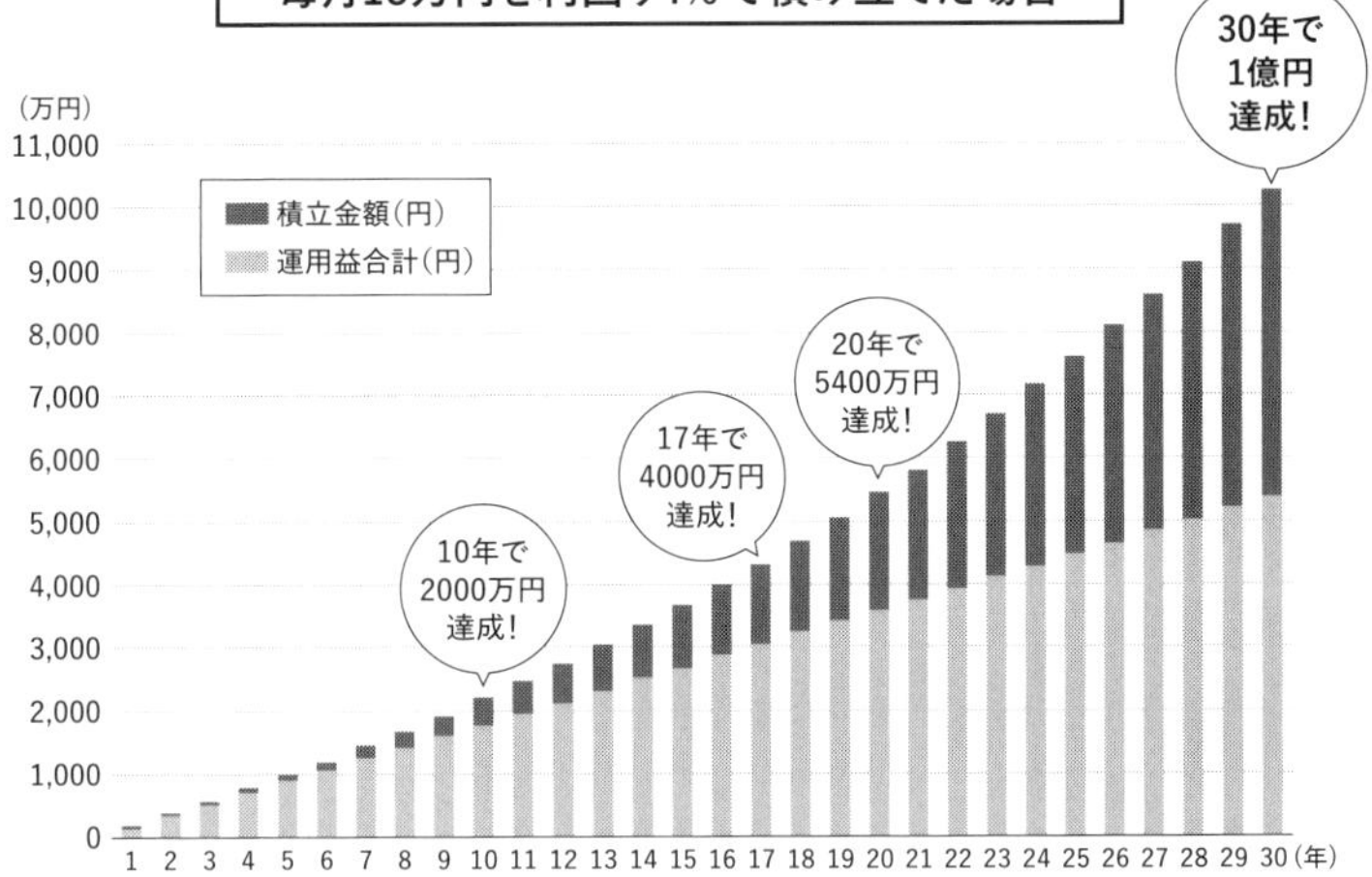

目標金額へのルートが目に見えるかたちになればモチベーションにつながるし、日々の支出を把握しないことには削りようがないからね。

少しずつ節約を頑張ろうと思えてきた!

ちなみに、僕が20代の時に積み立て投資を始めた最初の計画だと、50代で資産1億円はいくかなという見通しを立てていたよ。だけど、**実際には入金力を上げる作戦のおかげ**で、積み立てのスピードは上がり、13年間で5000万円を達成した。

すごい……、年間いくらくらい入金していたの？

いくらだろう。余ったお金は全部投資に回していたから、年間いくらっていうのは、パッと出てこないな。とりあえず**ボーナスは全額投資に回していた**ね。

ボーナスを全額！　ストイックだな～。

これも入金力をあげる一手だね。給料も昇給していったので、投資に回せるお金も増えていった。もちろん節約も並行して支出は最小限に抑える。こうして入金力を年々上げていったってわけ。でも、運用益は投資額の倍にはなっていないんじゃないかな。13年で入金額が３０００万円で、それが５０００万円になったというくらいだと思うよ。

13年間で入金額が３０００万円ということは単純計算で**年間約２５０万円の入金**。つまり、**月19万円**か～。会社員からするとこれは大変な額だよ！

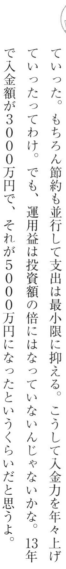

この時に**大切にしていたことは投資方法ではなく「入金力」**なんだ。資産1億円を達成するためにはとにかく入金力が大事と決めたんだよ。

投資方法は重要じゃないって話だけど、実際、投資していた商品も気になる……。

ごく一般的な、投資信託の積み立て投資だよ。投資を始めたのは20年くらい前だから、今人気のオルカン（全世界株式）なんてなかった。インデックス投資なんて名前もあまり聞いたことがなかったし、もちろんＮＩＳＡもなかった時代だね。

1億円を確実に目指すならインデックス投資がベスト！

投資信託を選んだ理由は？

その頃、情報を集めるため、いろんな投資ブログを読むうちに、「**才能がない人はイン**

デックス投資がいい」とわかった。僕は会社員として働いていたし、プロに任せられる投資信託の方が効率いいだろうと思ったんだ。

最初から投資信託1本だったってこと？

いやいや。**この投資方法に行き着く前にいろいろと手を出して失敗したよ**。わかりやすい失敗だと、日本株でデイトレードをやって大損した。当時、株式投資で有名な人が何人かいて、そういった人たちに憧れていたんだよね。

株はリスクが高いけど、マサニーさんは身をもって経験したのね……。

他にも、トルコリラなんてのにも手を出したね。トルコの国債で当時、年利が15％くらいあったんだ。だから、為替が10％くらい下がっても問題ないと思っていたら、それ以上に下がっちゃった。

そんな失敗経験を聞くとなんだか安心しちゃう。

個別株に投資して半分になったり、トルコリラは2割から3割くらい減ったりしたよ。投資への才能がなかったんだね（笑）。その頃は数十万円単位での投資だったけど、当時としてはダメージが大きかった。ただ、**今思うと少額の時に失敗しておいて良かったかな**。それで、最終的にインデックスの投資信託に切り替えたんだ。

思い切って方向転換したんだね。

インデックス投資は市場全体の値動きに連動しているので、才能がない人は結局これが一番いい。**インデックス投資は大きく上がることはあまりないけど、そのかわり大きく下がるリスクも少ない**。これはつまり、**再現性が高い**ということなんだ。

再現性が高い……、つまり誰でも真似できる投資ということか！

そう。長期的には世界経済は発展していくのだから、インデックス投資でそれに乗っておけばいいだろうということは考えていた。インデックス投資は**時間×入金力で結果が出ることが強み**なので、当時はまだ20代だったし、**若さという武器があるのだから有利**だということはその頃から考えていたよ。

お～、20代の頃から、長期的に見れば世界経済は発展していくという視点があったんだ。すごいな～。

その時はそう考えていたね。

運用益の成績は投資先や利回りではなく入金額の差で出る！

インデックス投資でおすすめするならどの指数？

今から始める人には全世界株式（オール・カントリー）、いわゆるオルカンがおすすめ。でもＳ＆Ｐ５００などで始めている人はそのままでもいいよ。インデックス投資は途中で止めずに長く続けることで大切だからね。

一度選んだら、あたふたせずにじっと投資し続けることが大切なんだね。

そう。はっきり言うけど、**長期投資で1億円を目指すなら投資先はあんまり関係ない**んだ。個別株だと急落があるけれど、インデックス投資なら、そのリスクは少ないからね。もし急落が起きても、そこで慌てて売らずに投資を続ければ長期的には利益が出ているということが過去のデータからもわかっているんだ。

う〜ん。でも、30年積み立てると思うと慎重になっちゃうな〜。

強いていえば、**手数料が安いものを選ぶ**くらいかな。ＳＢＩ証券や楽天証券といったネット証券は手数料が無料だよ。例えば、月10万円を運用利回り４％で30年間積み立てる

とする。すると、手数料無料なら約6850万円、手数料が3・3%だと約6630万円になる。**最終的な資産に220万円も差**が出るんだ。

220万円は大きい！　投資先はあんまり関係がないというのはどうして？

もちろん良い投資先を選ぶに越したことはないけど、**年利が4%か、5%か、などは微々たる問題**で、そんなことよりも、とにかく入金力を高める、つまり自分がたくさん入金することが億り人への近道なんだ。

やっぱり入金力！

入金力を実感してもらうために1つ例を出そうか。運用利回り5%で月5万円積み立てるのと、運用利回り4%で月10万円積み立てるのを比較すると、どっちが多く増えると思う？

元本の違いによる運用益の差

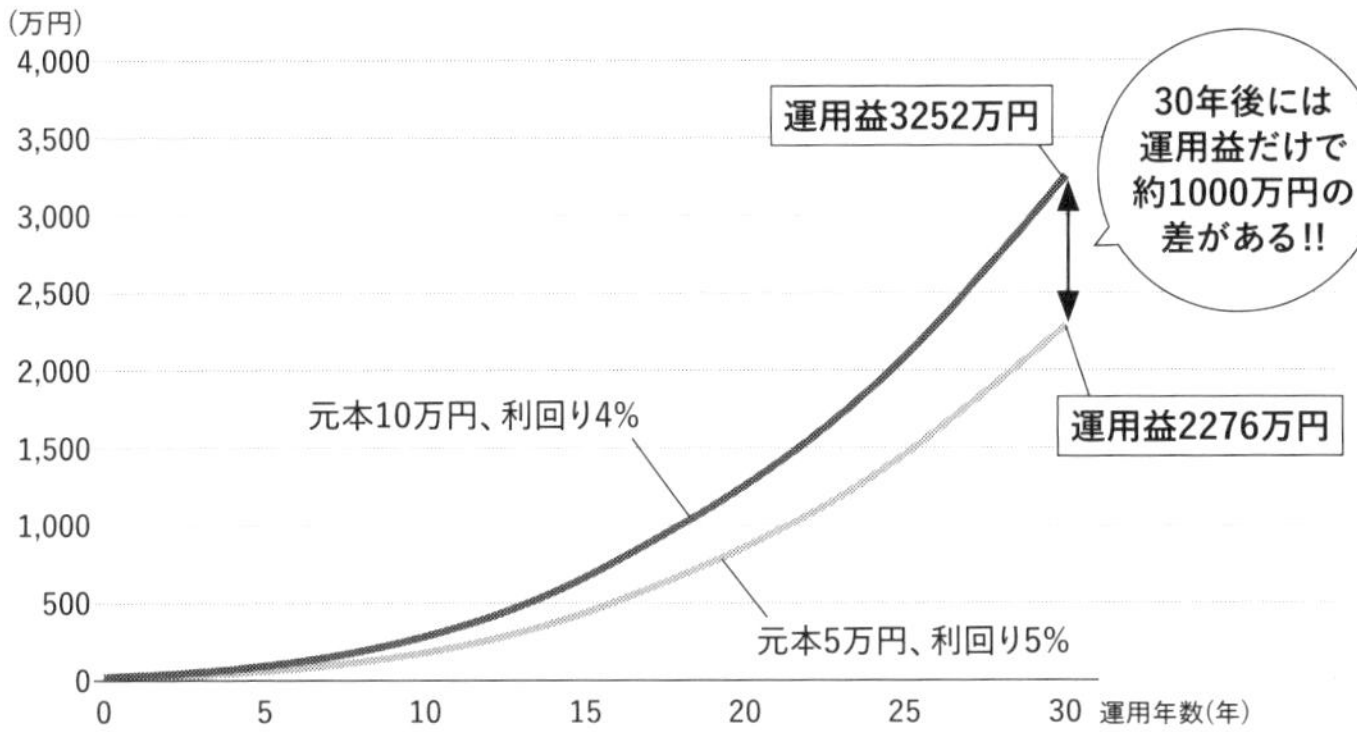

やっぱり利回りのいい５％で月５万円積み立てじゃないかな。

残念〜、不正解。**たくさん増えるのは、運用利回り4%でも毎月10万円を積み立て**た方なんだ。なんと、**30年で運用益は約１０００万円の差**が出る。

え〜、１０００万円も⁉

そう。しかも積み立て投資は運用期間が長くなるほど、利益も大きくなっていくから、この差はどんどん開いていくわけだ。

とにかく入金力！　１０００万円の差は無

視できない！

資産を大きく増やしたスタートアップ投資とは？

すごく気になるんだけど、マサニーさんの資産が5000万円から46億円に増えたのは、どういう投資で？

スタートアップ投資だね。これは、**創業したばかりの会社に投資をして、その会社が成長したらリターンを得られる**という投資のやり方だよ。僕の場合はこれが当たったので、ここまで資産を大きく増やせたんだ。

すごい！その投資の極意もぜひ聞きたい。

いや、自分がやっておいてなんだけど、**僕はおすすめしない**。というのも、再現性がか

なり低く、僕自身この投資で成功したのは宝くじに当たったようなものだと思っているからなんだ。

そうなんだ……。でも、なんでマサニーさんはスタートアップ投資を始めたの？

当時、僕は結婚していたんだけど、実は資産が5000万円になったところで離婚をしたんだ。そのタイミングで、会社を創業した友達がスタートアップ投資の話を持ちかけてきた。これだけ聞くと詐欺みたいだと思わないかい。

正直、めちゃくちゃ怪しい。

今だったら、こんな危ないことは絶対にやらないよ。ただ、その頃は離婚でライフプランが狂ったこともあって「もうどうにでもなれ〜」というヤケクソな気持ちで、資産5000万円のほとんどをスタートアップ投資に回した。結果的にそれが大当たりしてね……、何十億円になって戻ってくるなんて思っていなかったよ。

運が良かったんだ。

その通り！　スタートアップ投資って投資額は１０００万円単位とか大きいんだ。しかも、**１０００万円が紙くずになる確率は85%から90%くらい**。つまり、**9割は失敗する**ってわけ。

そんなに勝率は低いのか……。マサニーさんもスタートアップ投資でお金が紙くずになった経験はあるの？

もちろん！　紙くずになっちゃった方が多いよ。**僕のスタートアップ投資の勝率は2割くらい**。これでもスタートアップ投資家の中では勝率は高い方なんだ。

資産を増やすなら「起業」「インデックス投資」が最もおすすめ！

スタートアップ投資は、会社を見て投資するかどうかを決めるんだよね。資産に余裕があって、会社を見る目に自信がある人ならやってみてもいいのかな？

いや〜、でも詐欺案件も多いよ、僕も騙されかけたことがあるから。資産を増やすのが目的なら、やっぱりスタートアップ投資はすすめないよ。それだったら、**自分で起業することをおすすめ**する。

起業……かあ。

だってね、知り合いの数十億円規模のお金持ちに話を聞くと、起業を成功させたり、起業した会社を売ったりしてお金持ちになった人が多いんだ。**資産をある程度持っていて、それをさらに増やしたいと思う人がいたら、スタートアップ投資ではなくて、起業の方が勝率は高い**と思うよ。

自分で起業した方が勝率が高い……、これは格言だ。いつか資産が増えた時のためにこの言葉を覚えておこう！ ちなみにマサニーさんは今もスタートアップ投資をやっているの？

そうだね。だけど、**資産で比重が大きいのはインデックス投資**だよ。今だと**オルカンに36億円**は入れている。だから、自分でもやっていて他の人にもおすすめできるのはインデックス投資のオルカンだね。

総資産の77%……、大きいな〜。

うん。でも僕はインデックス投資を崇拝しているわけではないよ。株投資の才能がある人もいるし、それが楽しいという人もいると思う。人にはそれぞれ得意分野があるので、投資も自分にあっているものを選べばいい。

インデックス投資以外の投資がダメというわけではないんだね。

資産46億円のポートフォリオ

投資信託	¥3,602,552,864	77.0%
債券	¥960,000,000	20.5%
預金・現金・暗号資産	¥81,780,815	1.7%
株式(現物)	¥16,432,100	0.4%
年金	¥16,268,417	0.3%
ポイント	¥87,713	0.0%

挑戦してみなきゃわからないこともあるしね。僕は挑戦してみて、ハイリスク・ハイリターンの投資はあわなかったので、インデックス投資に切り替えた。そのあとに超ハイリスクのスタートアップ投資で資産を増やせたのは、やっぱり宝くじに当たったようなものだね。だから再現性はないと思う。

そこまで危険なスタートアップ投資をマサニーさんが今も続けている理由は？

楽しいからかな。他の投資方法よりも経営者、起業家と密なコミュニケーション

が取れるし、彼らの成長を見ていくことができる。これはスタートアップ投資の魅力だね。でも、**余剰資産でやっているよ**。何度も言うけど、全財産をスタートアップ投資に回すなんてことは絶対にしない。スタートアップ投資に回しているのは資産全体の20％未満の額だよ。

確かに投資をした企業が成長していくのを見るのは楽しそうだな〜。

9割は失敗するので刺激があるよ（笑）。今たどりついた答えとしては、**スタートアップ投資で成功するかどうかは運が99％だね**。だって起業したての会社は決算書がない場合もある。社員がいない場合だってある。だから、直観で投資するかどうかを決める時も多い。こんな投資方法だから、**5億円以上持っていない人にはスタートアップ投資はおすすめしません**。

資産1億円を達成できれば証券会社からＩＰＯ株が買える！

あ、資産が１億円を超えた人にすすめられる投資はあるよ。

え、なになに？

資産が１億円を超えたら、**大手証券会社に口座を開設する**んだ。そこで**ＩＰＯ株を購入**する。

大手証券会社？

今、人気の証券会社って手数料の安い楽天証券とかＳＢＩ証券などのネット証券だよね。大手証券会社というのは、野村證券、大和証券、ＳＭＢＣ日興証券など。駅前などに看板を見かけたことがあるかもしれないね。

どれも名前は聞いたことがある。でもどうして大手証券会社？

ＩＰＯは日本語で「**新規株式公開**」、つまり、証券取引所に新たに上場する株のことだね。証券取引所に新たに上場すれば、これまで取り扱いがなかった株が誰でも取引できるようになる。つまり、株価が大きく上がる可能性があるんだ。**この上場するタイミングに株を買うことができれば、利益を得られる可能性は高い**。だから、ＩＰＯ株は人気でほとんどの人は買いたくても買えないんだ。

わかります！　僕も欲しくて抽選に参加したけど見事に外れたな〜。

そうそう。ＩＰＯ株を買いたいと思っている人は多いので、購入枠の取り合いのようなことが起きる。だから抽選が行われるんだけど、**当選確率は1％とか2％とか言われているよ**。

え〜、そんなに低いんだ！

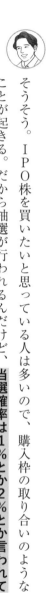

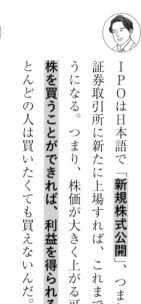

でも、大口投資家は**大手証券会社の方からＩＰＯ株を購入する権利**を割り当てられることがあるんだ。

そうなの⁉　ズ、ズルい！

ズルいよね（笑）。でも、特別待遇なのは大手証券会社の口座にたくさんお金を預けているからなんだ。証券会社にとってそういう人は良いお客様でしょう。実際に僕は証券会社の人から話をもらってＩＰＯ投資をしたけど、抽選なんてなかったよ。

お金持ちにしか見えない風景だな〜。

僕の体感だけど、1億円以上を証券会社の投資信託に預けていると、証券会社から大口投資家として見なされる。そうすると、新規上場の際に、ＩＰＯ投資の話を証券会社の方から提案してくれるんだ。

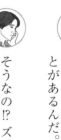

そんな提案を僕も受けてみたいよ。

資産1億円の億り人なら努力で誰でもなれると言ったよね。だから、まったく縁のない話というわけではないと思うよ。ところで、君はネット証券を使っているの？

もちろん！

証券会社を選ぶ時に「大手証券なんてやめとけ、ネット証券がいい」という人は多いよね。実際に僕も、投資初心者にはネット証券がおすすめだよ。手数料が安いし、資産残高に対してポイントが付いたりもするからね。ただ、**ある程度の資産が貯まったら大手証券もいいと思う**。ステップアップするようなイメージだね。

どうしてネット証券ではＩＰＯ投資の提案をしてくれないんだろう？

まずは新規上場の仕組みを簡単に説明するね。会社が新規上場する時は、証券会社のサ

ポートを受けるんだ。ここでサポートを行う証券会社を幹事証券という。中心となってサポートする証券会社を主幹事証券といい、**主幹事証券は上場した際に引き受ける株数も多い**。

スタートアップ企業が少し成長すると、証券会社がサポートすると、聞いたことがあるかも。

新規上場するための準備には何年もかかる。そして、一般の経営者ではとても準備することはできない専門的な領域なんだ。そのため、証券会社がサポートに入るってことなんだよね。

そうか。それが何年かすると、新規上場というかたちでＩＰＯ株が販売される、と。

そう。そして**主だったＩＰＯ株の主幹事は大手証券会社**なんだよ。だから、**大手証券会社の方が手持ちのＩＰＯ株が多い**ってこと。

なるほど！　やっぱり老舗の大手証券会社の方がネット証券より強いのか。

２０２２年にはＩＰＯ社数は91社あったんだけど、それを受け持つ主幹事証券の比率は**大手4社の証券会社が7割以上**を占めていたんだ。ＩＰＯ全体の主幹事証券の比率を見ると大手４社で74％、ネット証券のＳＢＩ証券が13％、その他の証券会社が14％となっている。**ネット証券だと、取り扱っている枠が少ないのに購入したい投資家はめちゃくちゃ多い**。競争が激しくて抽選になるというわけなんだ。

ネット証券人気があだになっていたのか〜。

だから、大手証券会社に口座を持って資産をたくさん預けていると、向こうから話が来ることがあるんだよ。**1億円を預けていると新人の営業担当がついて、5億円、10億円となると営業を担当する人のクラスが変わる**。だから、１億円を持ったところからがスタートだね。

ひょえ〜、全然知らない世界の話で面白い。

まずは資産1億円を達成して次の投資へのステージに乗ろう！

いろいろと脱線しちゃったけど、結論として、僕はインデックス投資をおすすめするよ。**実際に僕が最初に資産を築いた投資方法だし、今でもやっているからね。**

再現性は確かにインデックス投資が一番高そう。

インデックス投資なら資産1億円の億り人は努力で達成できるよ。そのために一番重要なのは入金力を上げること。そして入金力を上げる一番の近道は節約。「なんだそんなことか」と思うかもしれないけど、これは再現性があるのでぜひ目指してほしい。**資産1億円を達成したら、投資の次のステップに進んだり、好きなことにお金を使ったりす**

ればいいんじゃないかな。

なるほど。ちなみに、マサニーさんは次に考えている投資は？

投資は今日話したことをこれからも続けていくつもり。あと、僕の目標はこの資産46億円を使い切ることなんだ。

資産46億円を使い切る!? お金の価値観と使い方とは

46億円を使い切る……。

46億円ってプライベートジェットを買ったり、ビルを買ったりすれば、あっという間になくなる額だけど、**いいお金の使い方をしたい**なとは思っているよ。

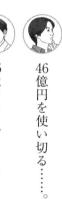

いいお金の使い方？

例えば、この前、投資家バーで８万５０００円のシャンパンを紹介されたんだけど注文しなかったんだよね。

え〜、46億円もあれば端金に思えそう。

違うんだ。その物に、８万５０００円の価値はないなと思ったので、かたく拒否したんだよね。だけど、１食で10〜20万円を使う時もよくある。その価値があると思えば払うし、**価値がないと思ったものには１円たりとも無駄にしたくない**という気持ちがあるんだ。

食事以外には何にお金を使っているの？

旅行が趣味なので、毎月旅行に行っているよ。普段の生活費は月５００万円くらいだけ

ど、旅費によって月1000万円になったりする。朝起きたらまず、旅行プランを立てたりしているかな。

え〜、羨ましい！　どんなところに行くの？

国内旅行も海外旅行も行くよ。東京ディズニーシーに「ソアリン」っていうアトラクションがあるんだ。世界を旅できるアトラクションでオーストラリアとか、万里の長城とか、ピラミッドとか、いろんな場所を巡るんだけど、それを見て、ここに出てくるものを実際に全部見てこようかなと思ったんだ。

夢の国で見たものを実際に体験してくるってことね、いいな〜。

今度、**南極に行ってくるよ**。その旅費が800万円くらいかかる。南極でペンギンに会って、一緒にかき氷を食べようかな。

夢があるな〜。

あとは**児童養護施設への寄付**もしているよ。クリスマスには赤いフェラーリに乗って児童養護施設に行き、サンタクロースとしてプレゼントを配るなんてこともやっている。この活動を日本だけじゃなくて世界にも広げていくことが今の夢かな。

お〜、夢のスケールが大きい！ でもどうしてその活動を？

僕は児童養護施設で育ったんだ。だから、親孝行と同じようなものだね。みんなもお金に余裕ができたら親に何か買ったり、旅行をプレゼントしたりするでしょう。それと同じだと思うよ。

お金の使い方が素敵。

それでもお金が使い切れないようなら宇宙に行こうかな。

僕も宇宙に行きたい〜！　そのためには……まず節約かな。

常連客

4

時間とボラを売って利益を手堅く取れる「米国株オプション」の魅力と戦略を解説

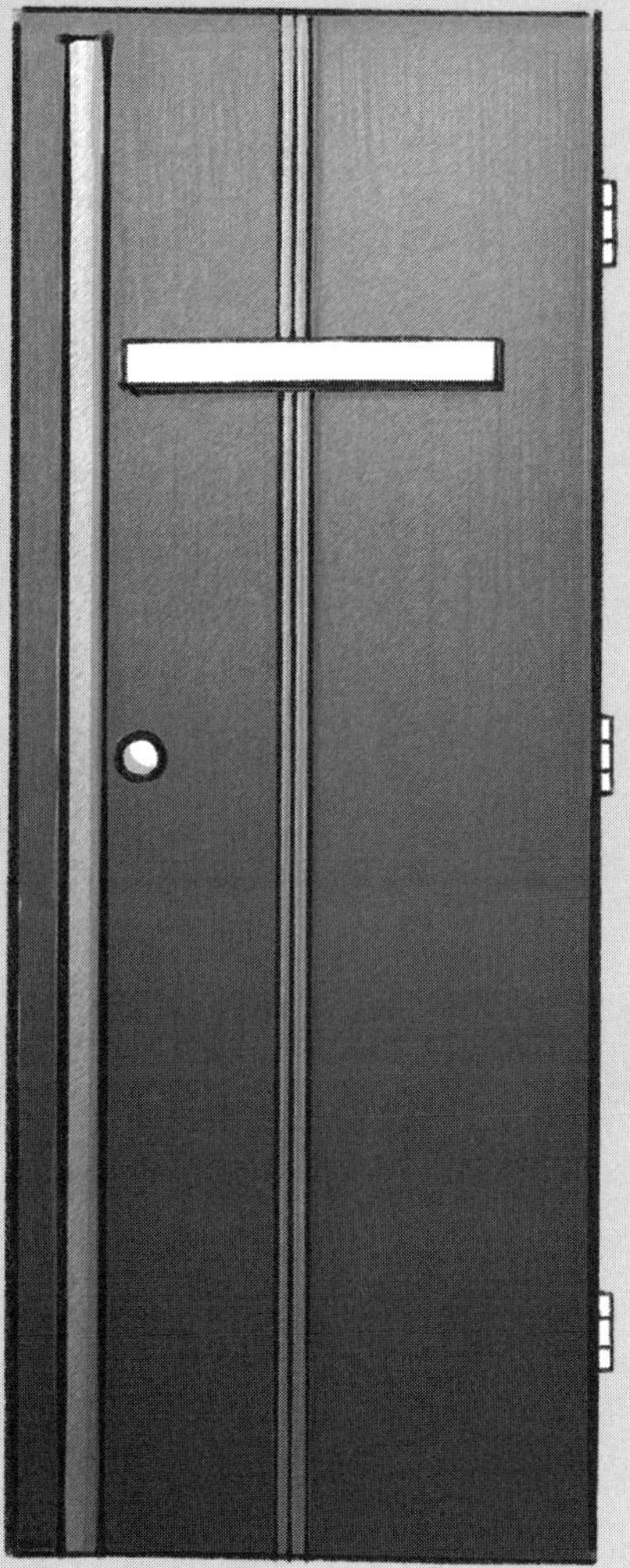

話を聞いた常連客

お菊さん

オプション投資と聞くと
ハイリスクで難しそうというイメージ。
しかし、米国株オプションで
ある戦略を実践すれば、
値動きの上下に関係なく利益を取れると言う。

相場歴24年。米国市場で稼いで日本に還元できる投資家が増えてほしいという思いから、無謀を承知で発信している。オプション講義はニュースを随時更新。お金以外の価値も扱いたいので、海外美術館の解説も行っている。歴史画、宗教画、風俗画を中心に、モダンアートまで。

● お菊の美術館訪問記
https://x.com/OKiku_a_visitor/

はあ〜。

今日はなんだか疲れているね。連日、飲み過ぎているんじゃないか？

いやいや、そんなに言うほど飲んでいませんよ。この投資家バーに通うようになって、間違いなく飲酒量よりも投資量の方が増えています。ただ、最近の株式市場はアップダウンが激し過ぎて……、見ているだけで気疲れするなと思っていたんですよ。

確かに、最近は**相場の変動が激しいとボヤいている**お客さんが多いな。といっても、隣にいる**オプショントレーダー**のお菊さんは常に涼しい顔をしているけどね。

おいおいマスター、急にふらないでよ！

オプションですか？

簡単にいうと「**権利の取引**」のことだね。

ネット証券のサイトでよく見る、日経２２５オプション……でしたっけ？

そうそう、でも僕は米国株オプションさ。Ｓ＆Ｐ５００とか、エヌビディアとかだね。
他にもいろいろあるよ。

米国株オプションもあるんですね！　でもオプション取引って、入門サイトで説明を読んだけど、すごく難しくてそれっきり諦めちゃいました。

お菊さんはね、オプション取引のスペシャリストなんだよ。**投資家バーでも、よくオプション取引勉強会の講師をしてもらっているんだ**。安定して利益を出せる戦略を取っているから、相場が上がっても下がっても涼しい顔をしているというわけ。

いやいや、マスターはいつも大げさだよ。

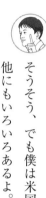

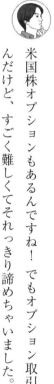

へ〜、安定……、魅力的。でも、ハイリスクなイメージがあったので、**安定した取引ができると聞いて意外**です。良かったら、僕にもレクチャーしてくれませんか？

お、投資スイッチが入ったね。じゃあ、お菊さん、来週の勉強会の練習も兼ねて、あとはお願いできるかな？

そうだね、せっかく隣に座った縁だし、今日はとことん付き合うよ！

マスター、ありがとう。お菊さん、よろしくお願いします！

「オプション取引はハイリスク」って本当？

お菊さんは、いつ頃からオプション取引をしているんですか？

10年くらいかな。当時通っていた社会人向けの経営大学院で、オプションの授業があったんだ。そこで先生が「**オプショントレーダーに値動きの方向は関係ない。上がろうが下がろうが関係なく、コーヒーを飲んで過ごしているんですよ**」と言っていてね。なんだその投資！と興味を持ったのが始まり。

今、僕もなんだそれは！って思いました。

思うよね。ちなみに、君はオプション取引についてどこまで知っているのかな？

いや〜、全然。デリバティブ取引の一種というくらいしか知らなくて。要は現物をやり取りしないから、資金効率はよくなるんですよね？ ただ、その分ハイリスクで仕組みが難しそう、というイメージを持っています。

みんなそう言うんだよね。「現物じゃないし難しいんでしょ、レバレッジがあるからハ

イリスクでしょ」って。で、相場が荒れたら追証《おいしょう》（追加証拠金）が発生して即退場……みたいな。

いや、本当にそういうイメージです。

でも、僕がやっている戦略ではレバレッジを掛けないし、追証が発生することもないんだ。

えっ⁉

オプション取引はハイリスクと言われがちだけど、実際には**リスク（損失）とリワード（報酬）の比率を自由にコントロールできる**。しかも、値動きの方向に関わらず利益を狙うことが可能なんだよ。

オプション取引は多様な戦略を取れる万能トレード

値動きの方向に関わらずって、下げ相場でも、ですか？

そう。投資対象の価格が値下がりしても、もみ合い相場でたいした値動きがなくても、逆に上げ相場でも、利益を出せる戦略を取れる。暴落局面でさらに暴落を見込むことも、暴騰局面でさらに暴騰を見込むことも、リスクをコントロールしながらできるし、**戦略次第で、安定した利益を手堅く得ることも可能**なんだ。

それだけ聞くと万能トレードじゃないですか！　でも、何かデメリットがあるんじゃないですか？

デメリットは利益率が低くなりがちなことだね。勝つ可能性を高めれば高めるほど、利益は薄くなっていくから。まあ、大儲けを狙う戦略もあるにはあるけど、それが機能す

る相場環境はたまにしか来ないからね。大儲けを狙う戦略は、ちゃんと相場を注視し続けて、「ここだ！」というところに絞って狙いすましてやらないといけないんだ。

カバードコール戦略なら高い確率で薄い利益を取れる

オプション取引にはいろんな戦略があって、その中でもお菊さんは安定して薄い利益を狙う戦略を取っていると……。

そう。最初にネタばらしすると、これは「**カバードコール戦略**」っていうんだよね。株や株価指数連動ＥＴＦなどを原資産に、コールオプションの売りを組み合わせて一定の収益を得る方法さ。

聞き慣れない用語が……。

わかりにくいよね。じゃあ、具体例を挙げて説明しようか。

お願いします！

簡単にいうと、例えば、現在のアップル株が市場で２３０ドルの価値がついているとする。売り手の私は、「１か月後にアップル株が２３５ドル以上に上がりそうもない」と予測して、**「１か月後にアップル株を２３５ドルで私から買う権利」を買い手に売る**んだ。

現物ではなく「権利」を売るんですね。これって買い手は逆に「１か月後にアップル株は２３５ドル以上になりそう」と予測しているということ？

その通り。売り手と買い手の予測は常に反対になるんだ。で、僕が主にやっているのは売り手側の取引というわけ。

でも、どうやって利益を取っていくんですか？

例えば、１か月後、実際にアップル株が２３５ドル以下なら、この取引は売り手である私の勝利。買い手からすれば、市場では２３５ドル以下で買えるアップル株をわざわざ私から２３５ドルで買うわけないもんね。

買い手が権利を行使したら損でしかないですね……。

そうそう。だから買い手は「アップル株を私から２３５ドルで買う権利」を放棄する。そして、**あらかじめ権利を得る代わりに売り手に支払ったお金（例えば、１株あたり５ドル×１００株※＝５００ドル）が買い手の損失、つまり売り手である私の利益**になるよ。ちなみに権利の対価のことをプレミアムっていう。権利の買い手が権利を得るために、常にコストを売り手に支払うことになるんだね。

なるほど。５００ドルって、日本円換算で７万円（１ドル１４２円）ちょっとか……いいですね。ちなみに、このプレミアム（権利の対価）って、いくらと決まっているんで

※米国株オプションは1取引につき100株単位。また、ここではオプション取引手数料や税金を考慮していない

すか？

株と同じように、オプションにも売り板と買い板があるから、市場で価格が決まるよ。理論的には「株価の変化の速度や加速度」、「最初に決める○○ドルで買う権利という○○の価格」、「期限切れまでの時間」、「ボラティリティ（価格変動率）」に影響を受けるかな。

需給のバランスで決まるってことですね。

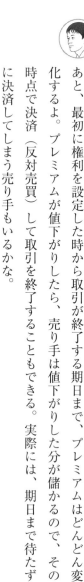

あと、最初に権利を設定した時から取引が終了する期日まで、プレミアムはどんどん変化するよ。プレミアムが値下がりしたら、売り手は値下がりした分が儲かるので、その時点で決済（反対売買）して取引を終了することもできる。実際には、期日まで待たずに決済してしまう売り手もいるかな。

なるほど……、では期日までにプレミアムが値下がりせず、さらに予測が外れてアップル株が235ドル以上になると、この取引は売り手の負けってことですか？

その通り。ただ、予測が外れて負けた時の損益分岐点は、最初に設定した235ドル（権利行使価格）＋プレミアム5ドルなんだ。だから実際には、1か月後にアップル株が235ドル＋5ドル＝240ドル以上になった時に損失が発生する。

う〜ん、また例え話でお願いします！

そうだね。例えば、期日の時点で株価が245ドルになっていたら、買い手は「アップル株を235ドルで買う権利」を行使するよね。すると、私はその時点の株価245ドルでアップル株を調達して、買い手に235ドル分の価格で渡さないといけない。つまり**この時の損失は、245ドル−（235ドル＋5ドル）＝5ドル×100株**という計算※だね。

そういうことか。じゃあ、アップル株がめちゃくちゃ上昇したら、損失がすごい膨らみ

※ここではオプション取引手数料や税金を考慮していない

ますよね……。

コールオプションだけを売っていたら、確かに損失は無限大だよね。つまり「買いは損失限定・利益無限大」「売りは損失無限大・利益限定」ってこと。オプション取引の本や、証券会社のサイトにもよく書いてあるよね。

あ〜、見たことあります！ じゃあ、やっぱりリスクが大きいってことですか？

そこでカバードコール戦略の出番なんだ。**この戦略ではコールオプションを売る時、つまり230ドルの時点でアップル株（原資産）を買っておくんだよ**。だから、1か月後にアップル株の株価予測が外れて負けた時の損失をカバーできる。

そうか！ 230ドルで買ったアップル株を235ドルで売って、さらにプレミアム5ドルも受け取れるから、**負けたとしても1株あたり10ドルの利益が出る**！

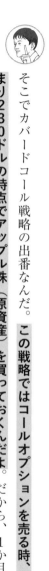

カバードコール戦略の仕組み

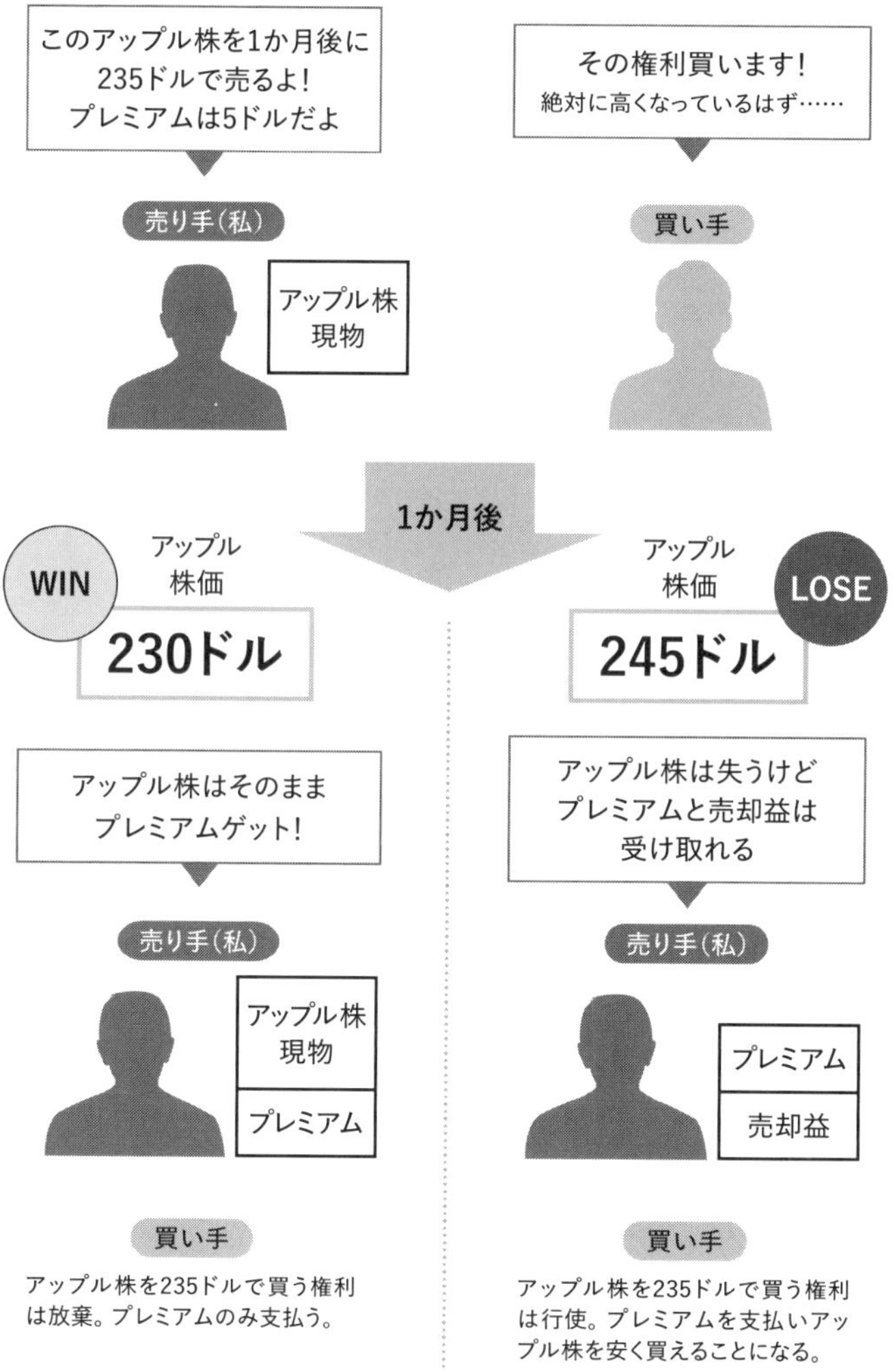
このアップル株を1か月後に
235ドルで売るよ!
プレミアムは5ドルだよ
その権利買います!
絶対に高くなっているはず……
売り手(私)
買い手
アップル株
現物
1か月後
WIN
アップル
株価
230ドル
アップル
株価
LOSE
245ドル
アップル株はそのまま
プレミアムゲット!
アップル株は失うけど
プレミアムと売却益は
受け取れる
売り手(私)
アップル株
現物
プレミアム
売り手(私)
プレミアム
売却益
買い手
アップル株を235ドルで買う権利
は放棄。プレミアムのみ支払う。
買い手
アップル株を235ドルで買う権利
は行使。プレミアムを支払いアッ
プル株を安く買えることになる。

そういうこと。だから、カバードコール戦略なら「損失無限大」にはならないんだ。そして、プレミアムは確実に受け取れる。

すごい、カバードコール戦略を使えば、上がろうが下がろうがプレミアムという収益が受け取れるんですね！　確かに、この方法なら安全かも。

カバードコール戦略は、最初から負けた時に差し出す現物資産を確保した状態でオプション取引をする。だから、**負けた時にどうなるかをあらかじめイメージできるんだ**。この方法ならレバレッジもないし、負けた時に想像以上の現金が出ていくこともないので、初心者にもおすすめだよ。

ちなみに、よくオプションの解説書には、買い取引は初心者向けと書いてありますよね。お菊さんは買い取引はしないんですか？　買いも売りも、株価を予測する点では同じだと思うんですが……。

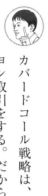

実際に取引をやってみるとわかるけど、買いって圧倒的に難しいんだよ。もうね、全然勝てないから（笑）

少ない確率で利益を狙うオプションの買いは圧倒的に不利！

なぜ、買い手は勝てないのでしょう。

買い手は常に時間的な価値を支払い続けているからだね。**オプションの価格は、毎日下がっていくんだ**。だって、期日が近づくにつれて勝敗も見えてくるだろう。その分、魅力（価値）も下がるのさ。

なるほど。

時間は絶対に過去には戻らないから買い手は日々不利になる。毎日減り続ける価値以上

に、他の要素で儲けられないと買い手はプラスにならないんだ。**単なる値動きだけではなくて、ボラティリティか、値動きの加速度か、その両方を味方につけないとプラスにならない**んだね。

確かに。それを当てられるなら普通に現物の個別株取引をやっていますよね。

売り手が優位な理由は、**保険会社と加入者の構造に置き換えるとわかりやすいよ**。オプション取引は権利のやり取りで利益を得る仕組みだけど、これって掛け捨て型の生命保険とよく似ていると思わない？

保険、ですか？

そう。加入者（買い手）は、一定の保険料（プレミアム）を売り手（保険会社）に支払うことで、保険金を受け取る権利を購入しているんだ。決まった期日までに不幸（保険事故）があれば、加入者は支払った保険料以上の保険金を受け取れるよね。

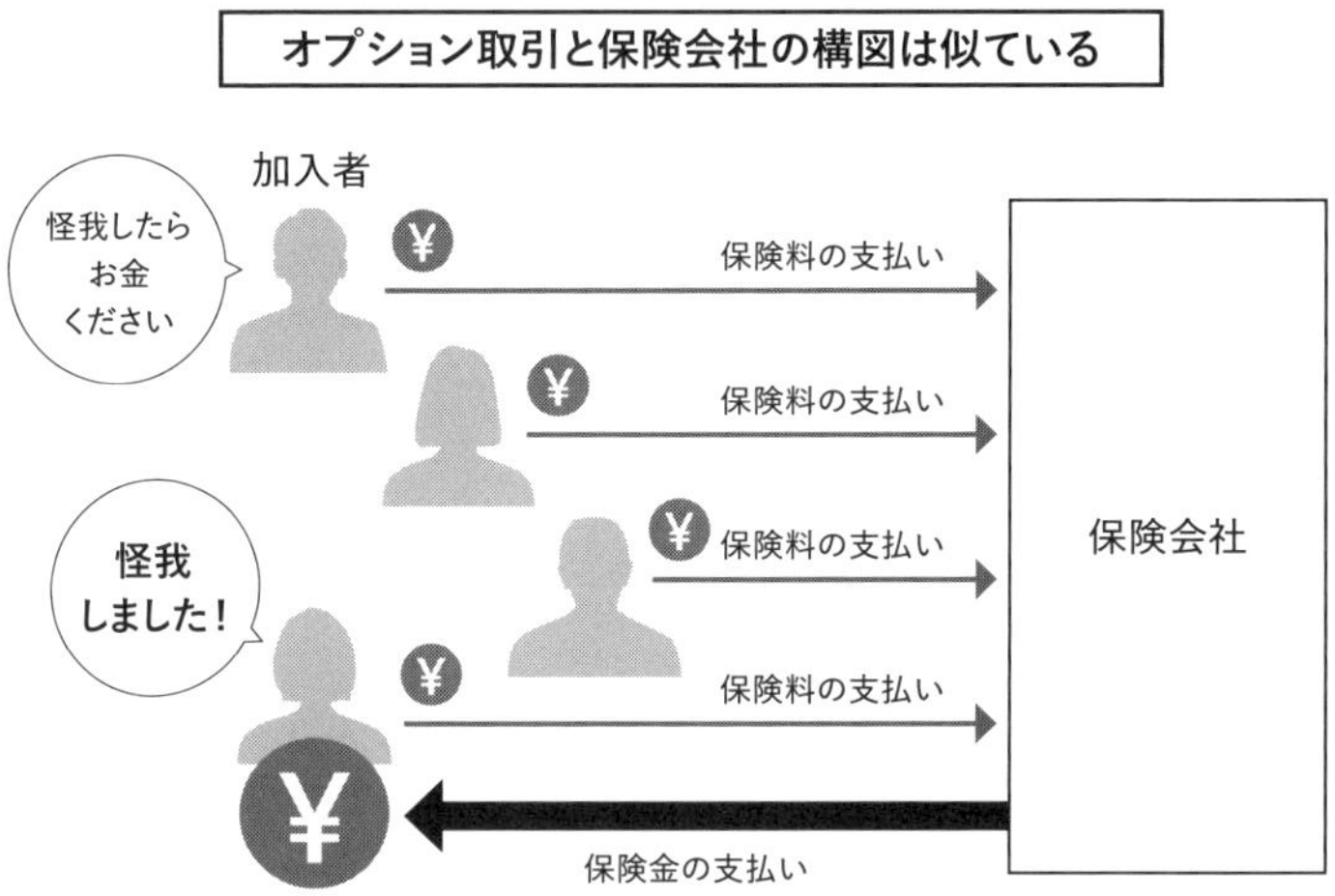

加入者は怪我に備えて保険料を支払う。
保険会社は、集まった保険料が保険金額以上になるように設定する。

はい。万が一の不幸に備えるのが保険ですよね。

その万が一の不幸は、オプション取引でいえば買い手の予測通りに株価が上昇・下落すること。でもね、これがなかなか起きないんだよ。

なるほど。確かに保険会社にとって、加入者から集めた保険料以上に保険金を支払うことになると倒産しますよね。**集めた保険料以下に支払う保険金が収まるように価格設定する**と思います。

そうそう。実際にオプションを取引するとわかるけど、買い手がコールオプションを買った瞬間からオプション価格はどんどん下落していくの。オプション価格の下落は売り手にとっては利益だけど、買い手にとってはマイナスでしかない。結局、**買い手は少ない確率に賭けて保険料を払い続けている保険加入者と同じ**なんだよ。そして、売り手は保険料を集めている保険会社。最終的にはどちらが儲かるか、おのずとわかるよね。

主導権は、保険会社にありますね。

だからオプションの買いで儲けている著名人は本当に少ないよ。いるにはいるんだけど……、例えば現物株の長期投資家のように見えるウォーレン・バフェットですら、こっそり**キャッシュ・カバードプット戦略でプットオプションを売って購入単価を下げている**らしいからね。彼らは商社株を買う時に、キャッシュバック付きクレジットカードで買っている感覚に近いんじゃないか？という気すらしてくるよ。

米国株オプションの方がニュースに素直に反応するためシンプル

そもそも、なぜお菊さんは日本ではなく米国株オプション派なんですか？

米国株の方が、シンプルで考えることが少ないんだよ。日経平均含め、日本株は業績以外で株価が変動する要素が多様にあるからね。特に為替が影響するからとても複雑なんだ。

確かに、最近は業績が良くても下がることがあって、僕もまいっています。

対して米国株は、ニュースに素直に反応するからね。さらにＳ＆Ｐ５００などの指数にすれば、個別企業の業績にはそれほどは影響しないし、ある個別銘柄に関するニュースが市場にどれほど織り込まれているかを推測する必要性も同様に薄まるからね。ドル円の動向もほとんど影響がないと考えて大丈夫。経済指標や中央銀行の動きは日本株も影

響するわけだから、**ドル円と日銀の動きに影響を受けない分、米国株の方がシンプル**だよね。

取引量も、日本と米国では全然違うんでしょうか？　日本でオプションってマイナーですし……。

規模感は全然違うね。日経平均の取引って、東証全部で1日4兆円くらいでしょう。でも、その取引量って米国のエヌビディアとかテスラとか、米国の1銘柄の1日取引量なんだよ。オプションの取引高の統計は枚数しか出ていないけれど、実際に「NVDA Option Chain」みたいな検索ワードで調べてみると、ものすごい量の取引があることがわかるよ。

なるほど。僕はなんとなく、日経平均だとわかりやすいのかな〜くらいの感覚でした。お菊さんは、もっと大枠を見ているんですね。

そうだね。でも**オプションの原資産は、慣れているものを選ぶといいよ**。日本株がメインの人は、日経２２５オプション。原資産の値動きを予測しなければならないからね。日経２２５オプション取引ならほとんどの証券会社でできるし。

どうしようかな～。ちなみに、今日聞いたカバードコール戦略は、日本のオプション取引でもできるんですか？

もちろん。米国株オプションも国内株オプションも、基本的な仕組みは同じだしね。紹介したカバードコール戦略を日本でやる場合は、「**日経２２５先物取引の買いと日経２２５を対象としたコールオプションの売り**」を組み合わせることでできる。日本のオプションに慣れてから、米国株オプションに移行する方法もアリだね。なお、米国株オプションをする場合、日本だと**サクソバンク証券、ウィブル証券、ＩＢ証券などで取扱い**があるよ。

日本で米国株オプションをやるなら、まず取扱いのある証券会社で口座を作ることから

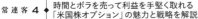

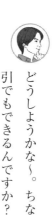

スタートしないといけませんね。

米国で大流行中の1Day（0DTE）オプション取引の戦略

オプション取引って期日を設定しないといけませんよね。お菊さんは、期日をどう設定しているんですか？

お。良い質問ですね。取引の期限には選択肢があって、1か月、1週間、そして1日という超短期もあるよ。何を選ぶかは自由だけど、**私の場合は1日で終わる1Dayオプションがメインだよ**。ちょっとここで、シカゴ・オプション取引所の取引データを見てみようか。

ありがとうございます！

S&P500指数連動オプションの0DTE取引量

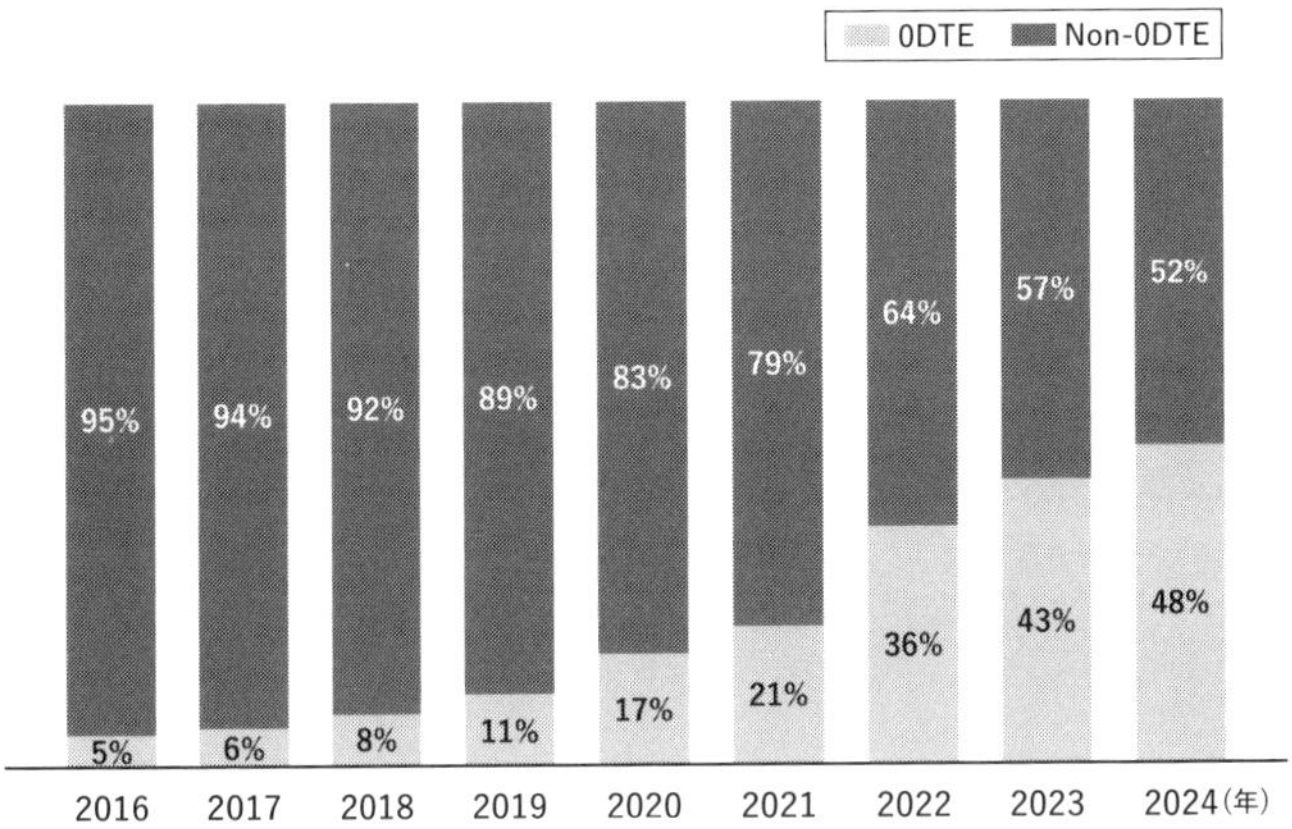

これはＳ＆Ｐ５００指数連動オプションの取引データなんだけど、見てもわかるように**１Ｄａｙ（０ＤＴＥ）の取引量は年々増えていて大流行中**なんだ。０ＤＴＥ（zero days to expiration）ともいって、始めたその日のうちに期日がくる超短期決済だよ。

うわすごい。デイトレードみたいですね！

１Ｄａｙだとプレミアムは小さくなるけど、取引が活発で流動性は高い。なにしろ、今日１日の価格予想をすればいいだけなので、気持ちが楽だよね。米国の市場はサマータイム期間なら22時半に始ま

るので、**夜寝る前にオプションを仕込んで、朝起きたらもう決済が終わっているから手間もない**のさ。

へ～、じゃあ、夜のうちにコールオプションを仕込んで、朝起きたら利益になっているのか。いや～良いですね！　この方法なら、平日に会社でチャートを見てそわそわする必要がなさそうです。

そうなんだよ。

これも、カバードコール戦略でしているんですよね？

もちろん。**1Dayの場合はS&P500指数のような指数に連動するETFを原資産とするオプションやSPY、QQQ、IWMなんかが人気があって出来高が十分ある**と思うよ。個別株はまだ1週間ものしかできないことが多いんじゃないかな。

1Day（0DTE）オプションは閑散な時間帯を狙って仕込もう！

実際に1Dayオプションを仕込む時のコツって何かありますか？

米国の取引市場はサマータイム期間なら22時半に開くんだけど、市場開始後30分～1時間は、取引が活発で価格も揺れ動いているのでそこまで積極的にならなくても良いよ。

株も取引開始直後は要注意って言いますね。

あとは、相場が荒れそうな要因がある時は慎重になろう。例えば、**米国雇用統計**や**米国消費者物価指数**などの経済指標。こういう重要な経済指標が発表された時は、市場が大きく動く可能性がある。**発表がある日は発表後に内容を確認してから取引するか、その日は何も取引しないというのも手だね**。相場の様子を見て不安がある時は、できる限り、権利行使価格を原資産価格から離した方がいいね。

逆に、相場があまり動かない時はチャンスですか？

その通り！　例えば、機関投資家が夏休みに入っているとか。**明らかな閑散相場の時は、さまざまな戦略を試すチャンス**だね。何も起こらなければ時間的価値だけが減少して、オプション価格が下がっていく傾向が明白だからね。さらに期限が近づくに従ってオプション価格の下落速度が加速していくよ。

売り手にとっては超有利ですね！

でしょ。**深夜0時半に雇用統計など経済指標の発表も終わり、相場の動きがおさまってきたら、1Dayコールオプションを売り注文して寝る**。で、起きたら権利が消失して、売った時に得たプレミアムだけが残っているというわけ。

具体的に、Ｓ＆Ｐ５００が現時点で５６１ドルだとすると、「今５６１ドルだから、１

日で６００ドルまで上がらないはず」という予測で、６００ドル（権利行使価格）のコールオプションを売るんですよね。

間違ってはいないけど、ちょっと高いかな。

この場合……５６１ドルという原資産価格から、権利行使価格はどれくらい離すべきなんでしょうか。今５６１ドルなら、何ドルくらいでコールオプションを設定すればいいのかわからなくて……。

それはもう価格予想の話になるから……、うーん、答えにくいなあ。始めはデモトレード口座でやってみるのが良いと思うよ。

やっぱりまずは練習ですね。

そういうこと。まず、**デモでだいたい１％上くらいを売ってみて**。１日に１％上がる日

はそれほど多くないけど、たまにはあるんだ。その「たまに」の感覚の精度をどれくらい現実に近づけられるかが成績に直結する。

ありがとうございます！ 練習しながら精度を高めてみます！

次はオプションの理論価格計算にチャレンジ！

今日はざっくり教えてもらいましたけど、お菊さんはもっと細かくオプション価格の計算をしているんですよね？

普段はね。いろいろ計算しているよ。もちろん、オプション価格はボラティリティや時間の経過などさまざまな要素で変動するから、完全に未来を予測することはできない。

ただ、**ボラティリティが変化するとこうなるかな？ とか、一定の条件の元に価格変動を計算することは可能**なんだ。

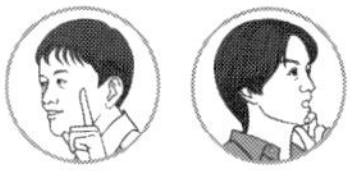

へ〜、それはぜひ知りたいです！

でも難しいよ。オプションのプレミアム価格計算にはだいたい4つのギリシャ文字（デルタ、ガンマ、セータ、ベガ）を使うんだ。証券会社によっては計算ツールも用意されているよ。慣れてきたら、**こういうギリシャ文字を元にオプション価格の変動を予測してみるのもおすすめ**。今まで、時間の価値とか、値動きの加速度とかって表現してきたけど、それらがひとつひとつのギリシャ文字に対応しているってわけ。大きい金額や期間が長いオプションを取り扱う人は、配当や金利を入れることもあるけど、影響は小さいかな。

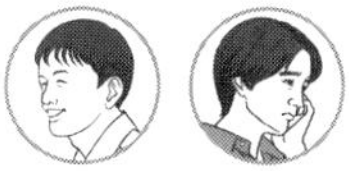

全然わからない……。

今回、私の話でオプションに興味を持ってくれたのなら、まずは月に1回くらいバーで講演してるから、聞きに来てみてね。私も勉強させてもらっています。1人でも多く日本に還元できる投資家が増えてほしいね。

ちょうど、来週ここで勉強会があるけど参加する？

え、本当⁉ ぜひ参加します！ 投資の選択肢が増えて楽しみだな〜。

常連客

5

株主軽視の問題ある企業を動かした個人アクティビストの執念の行動力

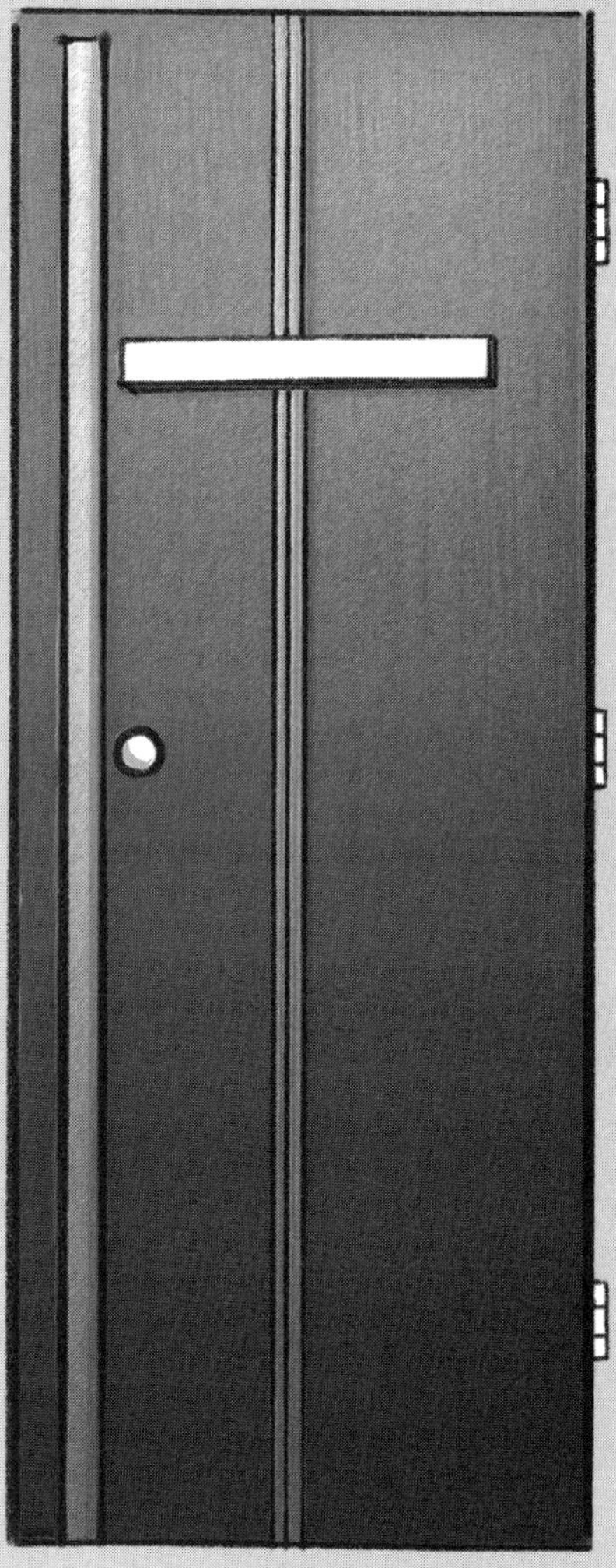

話を聞いた常連客

サマンコーさん

個人アクティビスト(物言う株主)として
活動するサマンコーさん。
個人で企業に立ち向かう
執念の行動力や情熱の理由とは?
株主として会社とどう向きあるべきか、
その基本を教えてくれた。

FIREして10年以上。弱小個人株主でも会社へのエンゲージメントは可能であると信じ、長期に亘ってPBR 1倍を達成していない企業に対して、株主総会事前質問状送付や他株主への働きかけ等を通じて資本コストや株価を意識した経営を促している。

いらっしゃい。あれ？　いつもより元気がなさそうだね。

さすがマスター、ひと目で見抜くなんて鋭い。

君はもう大切な常連客だからね。で、どうしたの？

実は投資先の企業が業績はいいんだけど、ちっとも株価に反映されないんですよ。決算書を見るとどうやら、無駄に内部留保ばかりを繰り返していて、業績をあげる投資をするわけでも、株主に高い配当を出すわけでもない。せっかく見つけた将来性のある企業だから簡単には手放したくはないんだけど……これだと不安だな。

なるほど……。君は株主なんだし、直接企業に対して声をあげてみたら？

「**アクティビスト**」っていうやつですか？　**海外投資家が株主総会で「もっと配当を高くしろ」といった要求**を企業に対して突きつけているのはニュースで見聞きしていますが、

僕なんてしがない個人投資家ですよ。

そう。議決権の行使は株主にとって当然の権利なんだけど、間違った経営をしている企業に対して、その**不満をぶつけたりはしない**んだよね。結局、相手になんかしてくれないんじゃないか、というのが投資家側のおおよその気持ちなのかな。

ぐぬぬ……、で、でも機関投資家ならわかるけど、個人投資家でアクティビストの活動をやっている人なんていないですよ！

ん？ そういえば、この前、**個人アクティビストとして活動している**って話している人がいたような。実際に**株主総会とかで企業相手に発言して働きかけた**って聞いたよ。

本当にいろんな方がいますね……、このバーには。

その人も個人投資家だからね。同じ株を持つ他の個人投資家にも働きかけて、投資家の

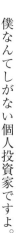

声を大きくしたらしいんだ。

すごくアクティブですね、アクティビストだけに！

……。

その方、このバーの常連客さんですか？　ぜひ話を聞いてみたいです。

実は今ちょうど来店しているよ。おーい、サマンコーさん、この方が、個人アクティビストとしての活動の話を聞きたいって。

また勝手に人の話をしていたのか。ちょうどさっき来たばかりのところだからいいよ。
マスター、いつものハイボールちょうだい。

それじゃ、あとはごゆっくり。

日本の上場企業の１／３くらいは株主目線で問題を抱えている

はじめまして。アクティビスト活動に興味を持ったんだって？

はい！　どうして個人でアクティビストの活動をしようと思ったんですか？

それなら、まずは私の投資歴から話してもいいかな？

お願いします！

株式投資を本格的に始めたのは２０１０年頃かな。最初は、多くの投資家がそうであるように、大手の有名企業の投資をしていたんだけど、惨敗続き。それから、株式投資講座に大金を払って通って基本を学んで、自分でも財務諸表や会計の勉強をして、自分なりの投資の法則を決めたんだ。

投資の法則？

まずは、ファンダメンタルズを見て有望な企業を探す。それで、**長期間ＰＢＲ１倍未満とか資本コストなどの視点から問題を見つけた場合は、それを指摘して（物言い）変化を求める方法**だよ。相場から忘れられている格安企業が変化した場合、株価が跳ね上がる可能性があるからね。

物言いというのが、アクティビストの活動のことですか？

そういうことになるね。今はダメだけれど、変われば大化けの可能性のある企業への物言いを汗かきながら進めていくというわけ。

物言いといっても簡単に聞いてはくれませんよね？

そうだね。経営者に手紙を書いたり、その企業の私以外の株主たちに手紙を送ったり、**その企業の改革の必要性を訴える**こともある。その企業の役員に面談を申し込んだり、社外取締役にお手紙を書いたりしたこともあったよ。また、株主総会に向けては、事前質問状を送り、会場で実際に質問をして、企業に私の疑問・提言についての対応を問いたりもしたかな。

うわー、大変そう！　しかもその準備や作業はサマンコーさんが1人でやっているんですよね？

そうだね。私は専業投資家だから比較的自由に動けるんだよ。普段、**企業研究なんかは、朝2、3時には起きてやっている**し。ただ、午後はなるべく趣味の時間に使っている。船が大好きだから、趣味にもお金をつぎ込んでいるね。

ところで、企業の問題な点って、具体的にはどんな点を指摘するのですか？

そうだな……、**日本の上場企業の1／3くらいは株主から見たら問題がある**からね、なんていうとちょっと偉そうかな。

問題ある企業は資本を投じている投資家＝株主を軽視している

いえいえ。投資先を決める時に、問題点は把握しておきたいですし、その見分け方はすごく知りたいです！

ここで、ちょっと投資家＝株主について改めて一言お話ししようかな。**株主が求めていることは大きく2つある**。わかるかな？

「**配当金**」を受け取ること。保有している株式の数に応じて会社の利益の一部を配当として受け取ることですよね。あと1つはなんだろう？

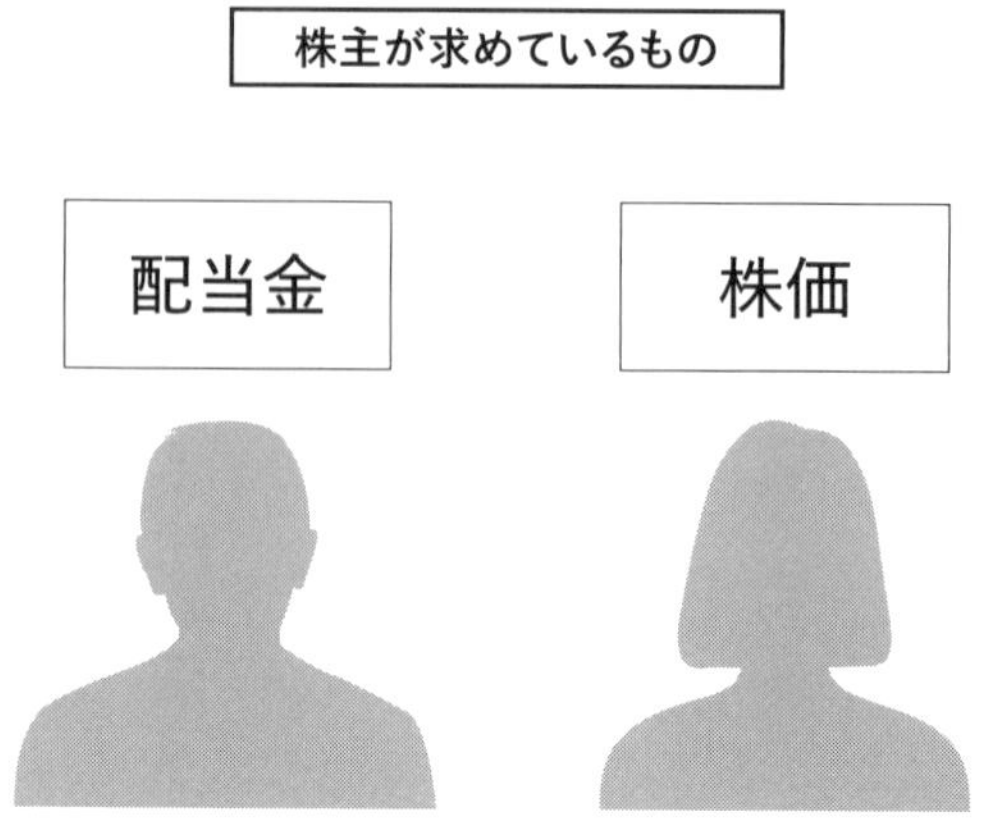

そうだよね。あともう1つが「**株価**」だ。資本金は基本的に返却されないものなんだけど、株式会社の場合は出資した分を株式という証券にして売買することができるんだ。株式を買っただけで資本金を出資していないと思うかもしれないけど、実は**株式を買うことで資本金を出資した人の立場を引き継いでいる**んだ。過去に出資された資本金よりも株価が安かったら投資金額を回収できないだろ。会社が出資された資金を上手く増やしてくれれば株価は何倍にもなることがある。これが株式投資の醍醐味なんだ。

株主としては、会社が成長することを期待して株を買いますよね。

でも問題のある企業の場合、**これらの株主の求めることをとても軽視している**んだ。株主になった以上は、その会社に儲かってもらって、株価を上昇させてほしいと思うのは当然だろ。成長するために資金を設備投資に回すなら良いけど、株価がＰＢＲ１倍にも満たないのに余剰な資金を貯め込んだり、他社の株式を購入したりするなんて言語道断だよ。それなら追加で配当を出したり、「自社株買い」などの施策を打ったりして、**株価を少しでも引き上げる努力をするのは当然のこと**のはずだ。それなのに、まったくこうした努力をせず、おかしなことをしている企業がたくさんあるんだよ。

親会社が子会社を意のままに支配している由々しき事態

おかしなことって、どんなことですか？

1つ例をご紹介しよう。私は3年ほど前に、新型太陽電池の原料を生産しているＡＢ化学（仮名）という会社に目をつけたんだ。「ペロブスカイト太陽電池」という次世代太

陽光発電の原料生産企業の1つだ。しかし、当時、株価は泣かず飛ばず。言ってしまえば、過去10年くらい、株価2000~4000円で動かない、市場から忘れ去られた銘柄だった。

そんな次世代を担う技術を保有していても、市場から見向きもされないことがあるんですね。

そんなことは山ほどあるよ。最初は、将来、確実に市場ニーズがあると思って目をつけたのだけれど、**いろいろ財務諸表を見ているうちに、実は、結構問題のある企業だった**ことに気がついたんだ。

え、どんなところですか？

AB化学は、大手ガラスメーカーXのグループ会社だったんだけど、X社の持ち株比率は50%超。つまり、親会社、子会社の関係（親子上場）にあるといえる。そうはいって

も、ＡＢ化学は独立した上場企業なので、売上高、利益、あがった利益の使い方に関しては、親会社の意向は関係ないはずなんだけどね……。

親子上場は、どちらかというと、子会社がたくさん上場していると優秀な企業グループというイメージがありますが……。

そうだね……、シナジー効果を期待できることもあるけど、現状、悪い効果の方が大きいことが多いかな。

ＡＢ化学の場合、悪い方向に作用したんですね。

そういうこと。実はＡＢ化学の場合、化学分野でシェア1位の商品があり、毎年相応の利益が出ていたのだけれど、その多くが、**親会社のX社への貸付金として流れていた**んだ。それ以外にも、ＡＢ化学には、**大量の利益剰余金があったので、私は株主総会への事前質問状で次の質問状を送って指摘をした**んだよ。

[株主総会事前質問状]

1. 2022年までの設備投資計画と余剰資金の保有額を見ると、余剰金が多過ぎ、資本効率が極低過ぎる。ROE8%という東証の改革要請の数値からも逸脱している。

2. 余剰資金の活用方法が明確ではない。親会社のX社に短期貸付金として実質的に長期に貸し出している。

3. 株価と株主資本、株主還元が明確ではない。

資本金	3,599	(単位:百万円)
資本余剰金	3,391	
利益余剰金	19,769	
自己株式	△123	
株式資本合計	27,177	

(2021年12月末の株主資本)

配当性向も100%を切っており、利益剰余金を経営陣に預けるかたちになる。また、1株当たりの株主資本は5330円となり、このレベルまで株価を上昇させる「努力」が、経営陣の義務である(この時点での株価4260円)。

4. 取締役候補選考方法と候補者からの決意表明を聞きたい。

取締役候補にAB化学の生え抜きは1人もおらず、X社から候補が出ているのはなぜか。せめて、新取締役候補からは決意表明をいただきたい。

簡潔だけど、ものすごく熱意が伝わる質問状です。

すべてを理解しているわけじゃないけど、**親会社が子会社を意のままに支配している印象**でびっくりしたよ。昭和の時代ではなく、令和の時代の話だからね。日本の株式市場って、こうしたことが横行しているんだ。

ものすごく怒っていらっしゃる……。

質問状を送って総会で40分質問しても十分な返答なし

それで、送った質問状に対して企業から反応はあったんですか？

株主総会事前質問状は、２０２２年の株主総会前に送ったものなんだけど、事前の回答

はなかったね。

じゃあ、株主総会で直接質問すれば、さすがに回答してくれますよね。

そんなに甘くはないよ。株主総会で質問したのは私1人、40分にわたって質問を続けんだけど、返答ははぐらかされた内容ばかり。**ほぼ相手にされなかったのと同等の印象**だったね。

40分……、よく、外国人投資家が、株主総会で企業の経営姿勢を問い正して、修正を求めているというニュースを聞くけど、サマンコーさんが、これだけ指摘しても、企業はほぼ無視だったんですね。

私も引くに引けなくなったよ。ここまで言って、腹を立てて、**株式を売却してしまっては、ＡＢ化学に何の変革も呼び起せなかったことになるし、もちろん、自分も株主として儲からない**。こんな日本株式市場のままでは、永遠に、株式投資で真っ当に儲からな

いと心の底から思ってしまったんだ。

それでどうしたんですか？

1700人の株主全員に問題意識共有の手紙を送付

株主全員にこの事実を伝えるお手紙を送った。

え!? でも株主名簿ってそんなに簡単に手に入るものなんですか？

株主は、**株主名簿閲覧謄写請求権といって、株主名簿を閲覧謄写させてもらう権利**を持っている。私もＡＢ化学にその請求をして、本社まで行って名簿の写しをもらうことにしたんだ。

つまり、株主名簿のコピーをもらえたってことですね。

そうなんだけど、それをもらうまでが一苦労。ＩＲの担当者と何回も長時間電話で話し合いをし、「**少数株主権利行使の侵害だ**」とか「**コーポレートガバナンス・コード原則1……株主がその権利を適切に行使できる環境の整備を行うべきである**」ということを前提に説得した結果ようやく頂戴できたんだ。ようやくもらえたコピーを宛名ラベルにするため大学生の息子をバイトで雇い、家庭用スキャナーを使って約１７００人の株主全員分の名簿を読み取ったんだ。

会社法に株主名簿閲覧謄写請求権があるのに、信じられない話です。

手紙の内容も何回も推敲して書き直したよ。内容としては、ＡＢ化学は低い株主資本利益率にも関わらず、大量の余剰資金を一部の株主（要は親会社）に実質還流させる、看過できない問題を抱えている。前回の株主総会では、私１人が質問したが、１人には限界がある。次回の総会には、**みなさん同じ問題意識をもってぜひ総会に参加してくださ**

AB化学

個人株主の皆様

突然のお手紙失礼いたします。私はAB化学の個人株主でサマンコーと申します。

同社ですが、低い株主資本利益率にも関わらず余剰資金を大量に抱え、それを一部株主だけに実質還流させるなど、看過できぬ問題を抱えています。昨年の総会で経営陣にいろいろと質問しましたが、いかんせん個人株主1人には限界があります。

今回、個人株主の皆様に問題意識を共有していただき、株主総会を活性化させるべく総会へのご出席をお願いするため、同封の「株主総会事前質問書」を郵送させていただくこととしました。

総会の決議は最終的に株式数の多さで決せられます。ただ、どんなにたくさんの株式を保有しているとしても総会に出席できるのは1人だけです。100株保有の株主でも100人ご参加いただければ大きなエネルギーとなり、経営者の意識を変えさせることが可能と考えています。

決議権行使書を発送済みでも、身分証明書を持参すれば総会には出席可能です。その場合、提出済みの議決権行使書は無効となります。とはいえ間違いがあっては困るので、念のためIRにご確認いただくとよいのではと思います。

私はスキンヘッドにしております。総会当日お声をかけていただければ幸甚です。見かけは悪いですが、決して怪しい筋の者ではありません。総会でお目にかかることを楽しみにしております。

AB化学　個人株主　サマンコー

い、といった内容だ。

株主たちを動かし翌年の株主総会は大いに活気づく

そして、株主全員に手紙を送ったんだ。株主総会の良いところは、**100株保有でも、100万株保有でも、出席できる株主は1人**だというところだ。保有している株式数ではなく、株主の1人として、総会に参加して意見を言う権利を持てるところが大事だよ。

株主の皆さんをお手紙でお誘いするなんて……、その行動力がすご過ぎる。

いや～。手紙を送る作業も涙なしには語れないよ。キンコーズで書類のコピーとホッチキス止めまではできるんだけど、約1700通もあると両手で持ち切れないほどの量があるのでタクシーを使って3往復もしたんだ。封筒詰めは1人でやったんだけど、3つ折りにして封入していると指紋が無くなっちゃうんだ。発狂しそうになった記憶がある

よ。あと宛名ラベル作成のためエクセルに株主名簿を写したんだけどスキャナーの読み取りでは行がズレたり文字が読み込めなくて……、結果、当時大学生だった長男に大枚を支払うことになったんだ。

聞くだけでも気が遠くなりそう……。

さらにね、郵便局に持参したら勝手に郵送してくれると思っていたら、数を数えて申告しろとか、「料金別納」のハンコを押せとか……、途中まで長男が助けてくれたけど最後は1人だったので最後まで大変だったよ。費用も15万円くらい掛かったはず。自分で自分のことを馬鹿みたいだな～、とは思ったものの、もうここまで来たら止められなかったな。

次にそんなことがあったらお手伝いします！

ん？ なにか見返りを求めているのかな？

いや、お気持ちだけでも！　それで、１７００人の株主から、サマンコーさんの気持ち・熱意を組んでくださった株主はいたんですか？

たくさんいたよ。**その前の年の株主総会とは打って変わって、翌年の株主総会は活気に満ちたもの**となった。多くの方が総会に足を運んでくださって、私以外の株主も多くの発言があった。私の考えは間違ってなかったと確信した瞬間で本当に感動したね。

親会社への貸付金は翌年ゼロになり株価も上昇

株主の声が大きくなったことで、ＡＢ化学に変化はあったんですか？

残念ながら、大盛り上がりの株主総会では、親会社への貸金をなくす、といった説明は結局されなかった。しかし、**次の決算までに決算報告書を見ると、貸金はなんと、ゼロ**

になっていたんだ。

株主の意見に対して無視の姿勢だった企業を動かしたってことですね！

おまけに、**3000円前後で購入した株価は、その後瞬間的だけど4万円と10倍以上**に上がったんだよ。

え〜‼ つまりサマンコーさんの物言いが株価を上げたってこと⁉

いやいやまさか。結果的には、ペロブスカイト太陽電池の主力企業ということが評価されて、株価が上がったというわけ。私の行動によるものではないと思っているよ。

企業の将来性という芽が開いたんですね。

よかったのか、悪かったのか。あれほど、ムキになって起こした行動は、大人げなかっ

たなとは思うものの、そこまでしてでも、日本企業を変えていきたい、という思いはどんどん強くなっていったね。

株主の方を向いて経営すれば株価は上がる

すごいです、サマンコーさん！　あれ？　でも行動力のすごさに感動しっぱなしだったけど、アクティビストとして行動するメリットって何？

まったく。では、最後に話をまとめようか。

ありがとうございます！

今回のＡＢ化学で何が一番問題だったかというと、やはり、上場企業なのにすべての株主のために企業努力をしなければいけないという意識が経営陣になかったということな

んだ。**会社は株主の物という考えが欠落していた証**だね。グローバルで見た時の株式市場の常識が、日本市場の多くの上場企業には全然伝わっていないというお粗末な実態を目の当たりにしたね。

ＡＢ化学の場合、親会社の方を向いていたわけですもんね。せっかく自分の資産を投資しているのに親会社のために使われたら腹も立ちます。

私だって、自分が投資した企業が投資の方針を決めて、その結果、事業が失敗するのは、株主として仕方ないと思っているよ。それが、思考停止で、余ったお金を親会社にただ預けているというのが信じられなかった。われわれ投資家としては、余ったお金は返してほしいと思うのが当然だよね。**「増配」や「自社株買い」などの株主還元をしてくれれば株価が上昇しPBRの数値も改善するし、「自社株買い」で余剰資産を減らせばROEが向上して、株主にメリットがあるからね**。

アクティビストの活動はこれからも続けていくんですか？

基本、私は経済のファンダメンタルズ、つまり、将来性のある環境にあり、技術やナレッジがある企業をいかに探していくかをいつも追究している。

毎朝、2～3時に起きて、銘柄研究をされていますよね。

私にとって、**銘柄探しは受験勉強と同じと考えているんだ**。まずファンダメンタルズから見て有望な企業を探す。その結果、いろいろ財務諸表を見ていて、問題を発見したらアクティビストとして活動する、という流れを踏んでいるよ。なので、投資する限りは続けるかもね。

僕も、「PBRって何だろう、気になった会社について実際に財務諸表を見て計算してみよう」といった基本とケーススタディみたいのを繰り返していくことで、銘柄を見る目を養っていけるのだと思い始めています。それって、まさに受験勉強に似ていますよね、すごくわかります！

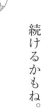

個人アクティビストの増加で株主思いの企業が増えると期待

それにしても、日経平均株価やＴＯＰＩＸは7月に市場最高値を更新したりしましたが、こうした中小型株は置いてかれているイメージですね。

そうだね。日経平均株価の対象銘柄のような海外投資家の好む大型株の上昇が際立つけど、その一方で、プロの投資家の投資対象になりにくい中小型株は全体に置いてきぼりとなっている傾向だね。

サマンコーさんが投資対象としているのは大型株ではなく中小型株なんですか？

そうだね。**中小型株は、ちょっとした変化で株価も大きく上がる可能性をまだまだ秘めているからね。**

個人アクティビストは増加傾向

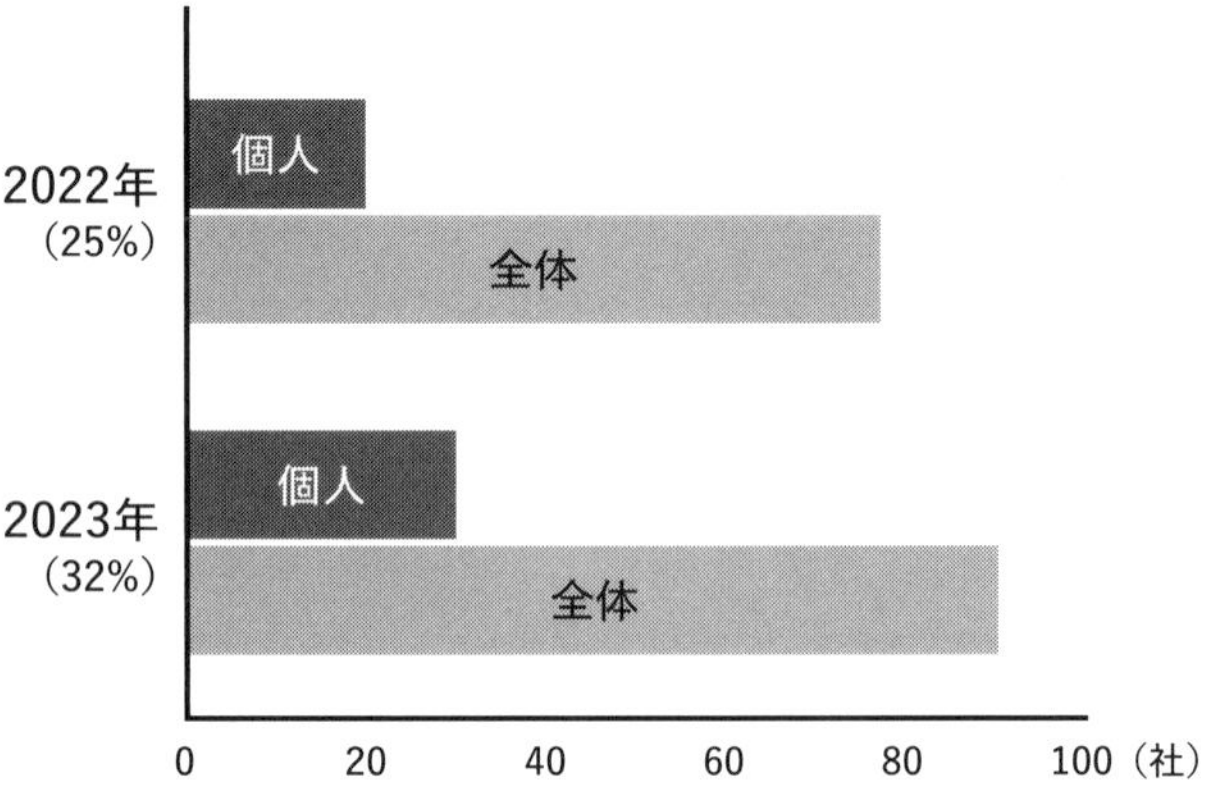

中小型株の方がアクティビスト活動の手応えはありそうですね！

ＡＢ化学以外にも活動はしているんだよ。例えば、ある特殊車両メーカーでは、**その企業の惨状について、社外取締役全員にお手紙を送ったこともあるよ**。やはりその特殊車両メーカーは、大手自動車関連メーカーの子会社だったんだけど、４１４億円と総資産の44％に上る「預け金」が親会社に対してあったんだ。「資産の半分近くを親会社に吸い上げられている状況をどう思うか？」「使い道のない余剰資金は株主還元するべきだ」と主張した。その結果、預り

金を撤廃されて、株価も少しだけど上昇してくれた。

資本コストや株価を意識した経営を中小型株の企業に迫ることは、経営への影響が大きく、やりがいはあるけれど、だからといってすぐに株価に反映するとは限らないんですね。

だから、投資家がみな、アクティビストになる必要はないよ。私はずっとやり続けるけど、オススメはしないね。ただ、実際、23年3月期決算企業で個人から株主提案を受けた企業は29社もある。こうした動きはどんどん増えていくことは確かだろう。**企業努力をしない企業は少しずつでも減っていくと期待はしているよ**。

よし！ 僕も内部保留を繰り返している企業に、次の株主総会では勇気を持って質問してみよう！

そうそう、そういう小さな一歩が大事だよね

常連客 6

米国ハイテク株の長期投資で資産5倍増 大暴落の失敗で学んだ投資哲学と儲け方

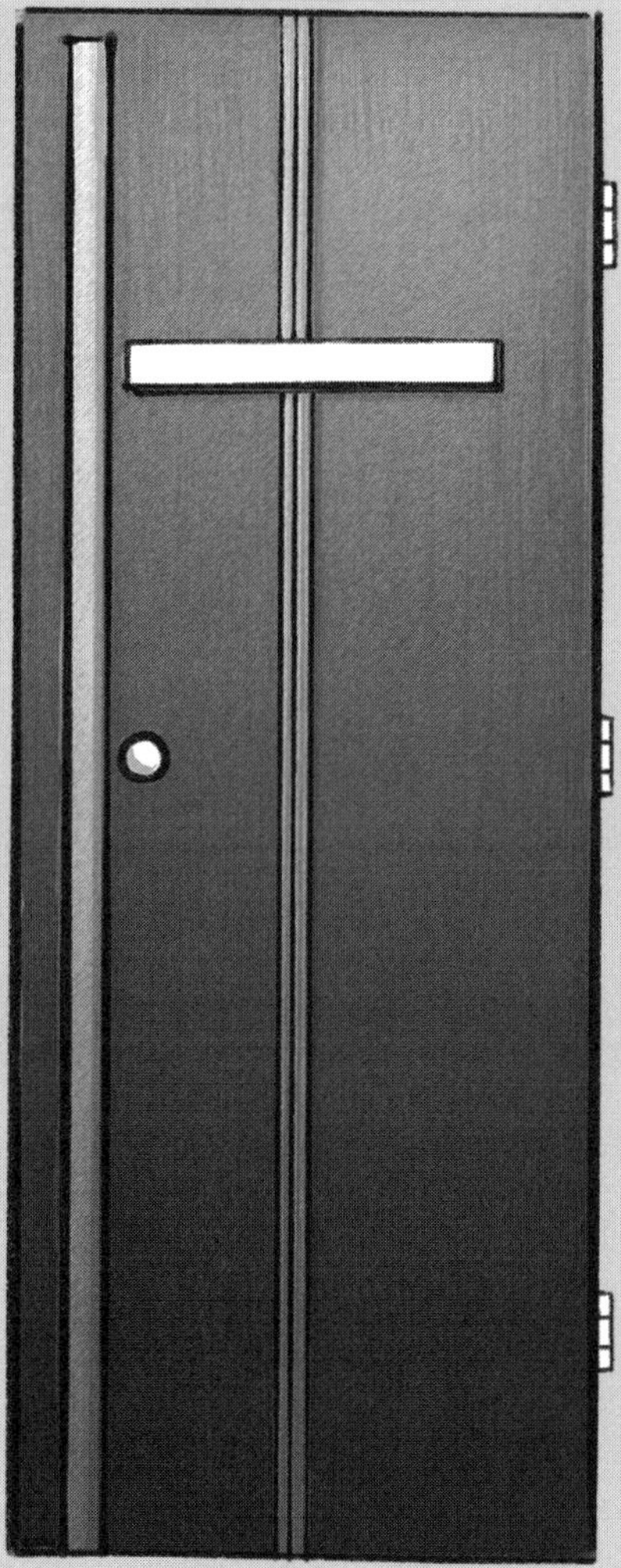

話を聞いた常連客

ナスダッ子さん

NVIDIA、Teslaなどの
米国ハイテク株に魅了され
資産を5倍にしたナスダッ子さん。
米国株に長期・集中投資するワケは
過去の経験、失敗談が生かされていた。

子どものお弁当作り20年、専業主婦から55歳で専業投資家に転身。ナスダックのハイテク個別銘柄に集中投資で7年間、6000万円を3億5000万円まで増やし現在も運用中。その資金を元手に、子どもの頃からの夢だったアパレルと輸入の会社を青山で起業。年金生活の夫の扶養家族という立場から、生まれて初めてビジネスに挑戦中の、ゲーム好き63歳。Xのフォロワー16600人。

最近、ＡＩや自動運転が話題ですね～。

そうだね、来週もここで米国ハイテク株に関する勉強会があるよ。

あ～、その日は参加できないな～。でも、**エヌビディア、テスラをはじめ成長株揃い**だしすごく興味あります。あの時、買っておけばな～、なんで魅力に気がつかなかったんだろう。

そんなことばかりだよね（笑）。勉強会に来られないのは残念だけど、朗報もある。ちょうど今日、来週の講師でもあるナスダッ子さんがこれから来店するよ。ナスダッ子さんは、**早くから米国ハイテク株の投資を始めて、わずか3年半で資産を2億円**にまで増やしたんだ。

えぇ！ナスダッ子さんって、このバーの公認アンバサダーの方ですよね。何度か見かけたことはあるけど、話したことはないな～。

それなら今日、話を聞いてみるかい？ 今日は1人でふらっと来店するみたいだし、きっと面白い話がたくさん聞けると思うよ。

こんばんは〜。

お、噂をすれば早速。

なによ、人が来るなりいきなり。

ごめんごめん、実はこのお客さんが**米国ハイテク株に興味**があってね。来週の勉強会も来られないみたいなんだ。良ければ今日、隣の席なんてどう？

そういうことね！ 普段は、投資仲間と会食や、最近立ち上げたアパレルショップ事業なんかで忙しいんだけど、今日は予定もないしたっぷり話しましょう。とりあえず、マ

スター、赤ワインをくださいな。

わ〜い、今日はラッキーだな〜。ナスダッ子さん、よろしくお願いします！

夫の退職をきっかけに米国ハイテク株への投資を始める

そもそも、ナスダッ子さんは、どういった経緯で投資を始められたんですか？ やはり、若い頃から投資に興味があったのでしょうか？

いえ、全然そんなことないの。投資自体は1993年から始めたんだけど、当時は普通の専業主婦で、**投資に関する知識なんてゼロ**。証券会社の営業担当者から言われるがまま、投資信託を売買しているだけだったわ。今振り返ると、もったいなかったな〜と思うこともたくさんあったけどね。

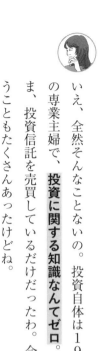

案外そういうものなんですね。個別株には関心はなかったんですか？

実は、夫が新聞社の経済部で働いていて、妻である私は個別株を買うことができなかったのよ。だから、投資は証券会社との付き合いで買っていた投資信託だけ。

なるほど……。やりたくてもできない事情もあったんですね。

だから、2017年に夫の退職をきっかけに個別株を買い出したの。その時には、**これまで投資していた投資信託を解約した分と、預貯金なんかを合わせると約6000万円の資金**があって、それを元手に米国ハイテク株への投資を始めた。

投資はナスダッ子さんが主導？　旦那さんはなんて？

主人は基本的に投資にはノータッチで、完全に私に任せてくれたの。

それはなかなか珍しいですね。

確かに夫が妻に資産運用を任せているパターンって意外とないのかもね。でも、ウチの場合、主人は「そういう方面はお前の方が向いているから、好きにやっていいよ」という感じだったわ。

ナスダッ子さんのことを旦那さんがとても信頼していることが伝わります。

でも、良いことばかりじゃないのよ。主人は投資の話題は極力耳にしたくないっていうから、何かあっても相談すらできないしね。だから、投資仲間ができるまでは、ずっと孤独感を抱きつつ投資していたわね。

ハイテク好きが高じてアマゾン株に500万円投資

日本ではなく、米国ハイテク株に興味を持ったのはなぜですか？

私って、**この世代にしては珍しいくらい新しいもの好き**で、その当時からスマホはもちろん、ｉＰａｄも使いこなしていたし、アマゾンやネットフリックスなんかも大好きでよく利用していたのね。

確かに早い……、２０１７年なんて、動画世代の僕ですらネットフリックスは利用してなかったですよ！

私はもともと趣味でインターネットゲームも長年やっていて、最先端の技術にも興味があったのよ。すると、私のそういう姿を見ていた証券会社の担当者が、米国ハイテク株についていろいろな情報を教えてくれるわけ。

それで、米国ハイテク株への興味が高まっていったんですね。

そうそう。それで、夫が退職した日に担当者に電話して、手始めに**アマゾン株を500万円分購入**したの。

いきなり、500万円⁉　強気ですね～。

今、振り返ると自分でも強気だったなって思うけど、その頃の私はまだ投資の知識もほとんどなくて、暴落の怖さも知らなかったから、まったく不安じゃなかったわ。それに、私は**アマゾンという会社が大好きで信頼**もしていたしね。

初心者だからこそ、強気でいけたわけですね。

怖いもの知らずの投資ビギナーで保有銘柄を増やす！

アマゾン株を買ったのは2017年の夏頃だったんだけど、ちょうど**トランプ減税の影**

2017年のアマゾンの株価推移

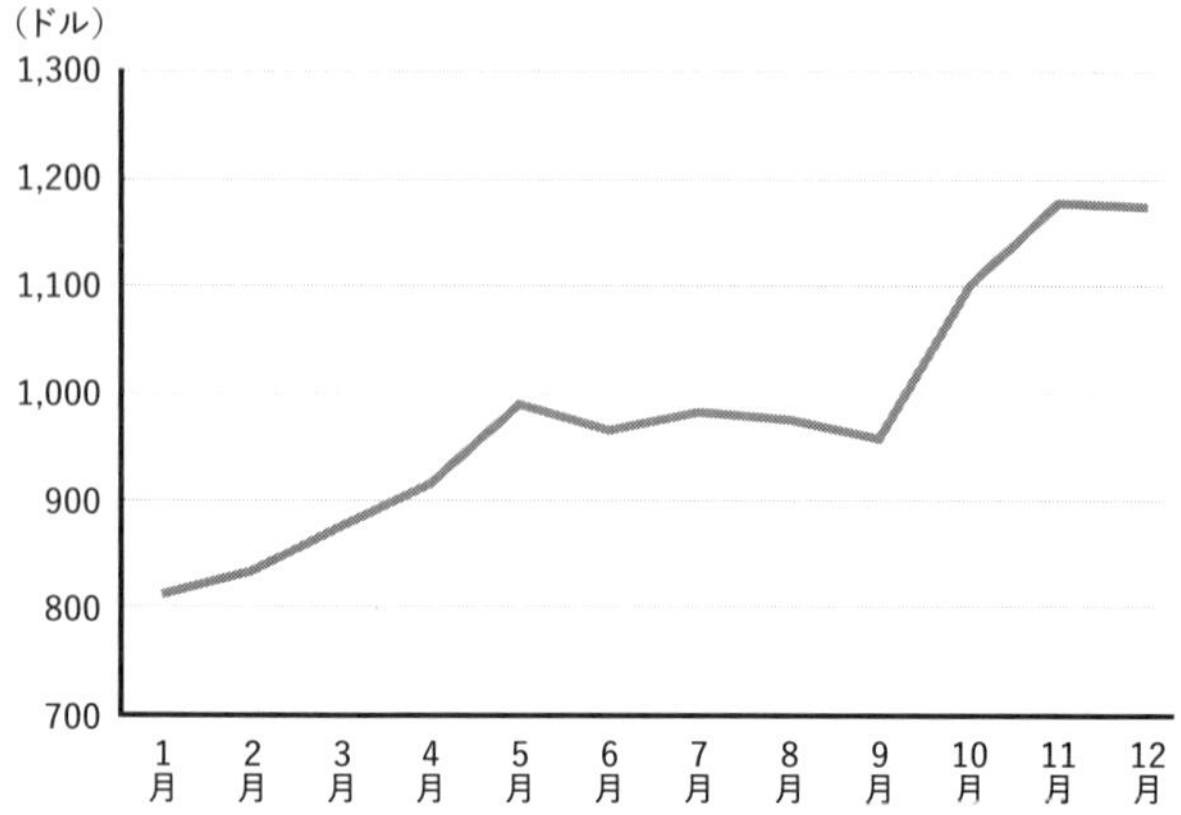

響もあって、そこから半年間ほど順調に株価が伸び続けたのよね。

お〜、確かにすごいですね！

それで、怖いもの知らずの投資ビギナーのまま、株価が上がっていくのを見てどんどん買い増していったの。今思うとゾッとするけど、まさに初心者だからこそ為せる業ね。

その後、アマゾン以外の銘柄も購入していったんですか？

そうね、アマゾン以外にも、いろいろな銘

柄を購入したわ。例えば、２番目に投資したのは**テンセント**。君はテンセントって知っている？

えっと……、中国の有名ＩＴ企業ですよね？

正解！　でも、当時の私はテンセントすら知らなくてね。**世界の時価総額の上位10社のランキングを見た時に、知らない企業がランクインしている**ことに驚いて、興味を持って購入したのよ。

なるほど。日本で知名度が上がったのは最近ですもんね。

そうなの。あと、担当者からテンセントを長期保有していた人が35倍になったという話を聞いたのもあって、３００万円分を購入したわ。

相変わらず強気だな〜。

そのあとも、**エヌビディア**、**インテュイティブ・サージカル**、**ペイパル・ホールディングス**、**ネットフリックス**など、本当にさまざまなハイテク銘柄を購入していったわ。

25年前のある経験がエヌビディア投資につながる

その中でも、**思い入れの深い銘柄**などはありますか？

エヌビディアね。

即答ですね！ その理由は？

さっきも言ったけど私は昔からゲームが趣味でね。25年近く前には米国の「シムピープル（現在のザ・シムズ4）」というゲームにすごくハマっていたの。でも、当時の私の

ＰＣ環境だと、すぐにフリーズを起こしたりして、なかなか楽しめないでいたのよ。

それはイライラしますね……、僕もゲーム好きなのでわかります。

でしょ。それでいろいろと調べると、このゲームを快適にプレイしたいなら、エヌビディアのＧｅＦｏｒｃｅというグラフィックボードがおすすめだって情報をネットで見つけたわけ。それでさっそく買ってみたらすごく良くて、それから今まで私はエヌビディアのＧｅＦｏｒｃｅユーザーなのよ。

ゲーム好きがきっかけで、**25年前からエヌビディアという企業に愛着があった**わけですね！

でも、私自身はずっとエヌビディアのことを「パソコンの部品屋さん」くらいにしか思っていなかったのよ。それが今では、自動車の自動運転に技術が転用されて、**世界最大手の半導体メーカーになっている**と聞いて感動しちゃってね。そういう経緯もあって、

エヌビディアは1000万円分購入したわ。

すごいな〜。でも、趣味でお世話になっていた企業が、いつの間にか世界的な企業になっていたわけですから感動もしますよね。

ナスダッ子流　銘柄購入時に意識する3つの条件

ちなみに銘柄を選ぶ時、何か条件はあるんですか？

条件は3つね。まず1つ目が「**資金が流入しているセクターの銘柄**」ということ。

セクターって、**業種やテーマ、材料などで分類したグループ**のことですよね。どうやって儲かっているセクターを見極めるんですか？

私は、**ヒートマップ**を活用しているわ。ヒートマップを見れば、色の違いや濃淡、面積などで株価の上昇・下落を視覚的に捉えることができるし、どのセクターが強いかを簡単に見極められるの。

なるほど。2つ目の条件は？

2つ目は「**その分野においてトップシェアを誇り、セクター内でも市場を牽引する銘柄**」ということ。なかでも参入障壁が高い業界で先行優位性を持っている企業だとなお良いわね。つまり、いわゆる**「ド真ん中」の銘柄**を選ぶということ。

マイナーな割安銘柄を探すのも投資の醍醐味なのかとも思っていましたが、投資家なら誰もが知っているような王道銘柄を購入した方がやっぱり良いんですね。

私はそう考えているわね。そして、最後の3つ目が「**自分が応援したい企業で、将来性の高い銘柄**」を選ぶということね。

銘柄を選ぶ際に自分が応援したい企業を選ぶというのはよく聞くのですが、どのようなメリットがあるのか、未だにわかっていないんですよね……。

根気よく長期保有するためには、とても大切なことよ。だって**応援の気持ちや将来への期待がないと、何かあった時にすぐに売ってしまう**でしょう。つまり、短期売買になってしまうのよ。

短期売買ってダメなんですか？

なかには短期売買でうまくいっている人もいるけど、知識や経験は必須だし、リスクも大きくなるからね。基本的には、**米国ハイテク株に投資するなら、ド真ん中の優良銘柄を買って根気よく保有し続けることが得策**だと思うわ。投資初心者ならなおさらね。

なるほど。応援したい企業を選ぶ理由がやっと理解できました。

初めて暴落を経験……証券マンの言葉に救われる!

少し話は戻りますが、さまざまな米国ハイテク株を買い増していった結果、投資額は合計でどのくらいになったのでしょう?

2017年8月から11月の間に米国ハイテク株へ6000万円程度の資金を投入したわね。

いくら元手資金があったとはいえ、**3か月で6000万円**はすごいですね。

まぁ、最初に投資したアマゾンで下手に成功体験を得てしまったから、調子に乗って投資金額をどんどん増やしていってしまったのよね。

それでは、その後も株価は上がり続けたんですか？

最初の半年で９０００万円くらいにまで増えたかな。でもその後、**1週間で初めての暴落を経験し、一気に7000万円くらいまで減っちゃった。**ちょうど暴落前に、約５００万円の車を購入していたから、「買っておいて良かった～」ってホッとしたことを今でも覚えているわ。

これまで順調だっただけに暴落は辛いですよね。その時には、損切で売却してしまおうとは考えなかったんですか？

もちろん暴落の直後は投資が怖くなって、全部売却しちゃおうとすら思ったわ。でも、証券会社の担当者に「**市場が混乱している時は動かないのが鉄則。なので、あと2日待てませんか?**」と説得されたの。

そこで担当者の言うことを聞いたわけですか？

そう。すると、**本当に2日後に相場が反転**したのよ！

お〜、まさに担当者のアドバイス通りになったんですね！

今でも、あの時の担当者の言葉には感謝しているわ。

2度目の暴落では狼狽売りをした結果、資産がほぼ半減する

その後も、順調に資産が増え続けたんですか？

1年ほどはね。でも……、2018年末に再び大きな暴落を経験するのよ。いわゆる「**クリスマスショック**」ってやつね。

ナスダック総合の終値の推移（2018月10月～2019年4月）

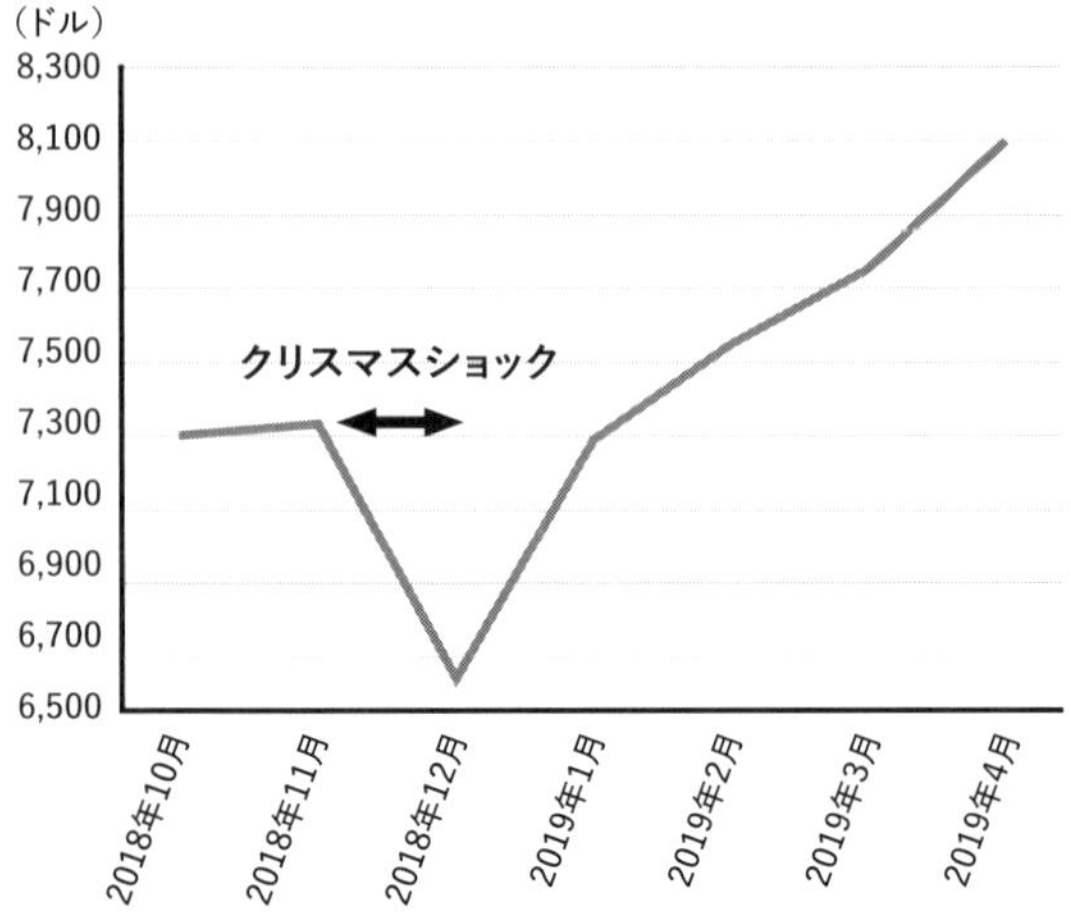

クリスマスショックって結構な暴落でしたよね。その時も損切せずに我慢することができたんですか？

それが、最初の暴落時の成功体験があったにも関わらず、その時はあまりの**暴落に怖くなって狼狽売り**してしまったの……。

やっぱり怖いですもんね。

今、振り返ると、怖気づいて売却するような局面ではまったくなかったんだけどね。でも、その時は怖くて、資産を守りたいっていう気持ちが先行してしまった。

その気持ちはすごくわかります。結局、売却した分は買い戻せたんですか？

いいえ。暴落時の恐怖が忘れられなくて動けずにいるうちに、あっという間に相場は元に戻っちゃってね。**狼狽売りした分は、結局買い戻すことができなかった**わ。

やはり資産は一気に減ってしまったんでしょうか？

そうね。**1億3000〜4000万円くらいあったのが7000万円くらい**に減ってしまったわ……。

資産がほぼ半減……、それは辛いですね。でも、こうして歴史を紐解いてみると、現在では成功されているナスダッ子さんにも、やっぱり大きな失敗の経験があることが知れて、少しホッとしました。

多かれ少なかれ、みんな失敗はあるものよ。

大損の経験から長期成長を信じて狼狽売りはしないと決意

でも、このような失敗をすると、投資が怖くなったりしませんか？

そうね……、私もこの時はさすがに自信をなくしてしまって、一度投資からは離れようって思ったわ。

そこまで追い詰められてしまったんですね……。そこから、投資を再開するまでには、何かきっかけがあったんでしょうか？

その頃はとにかく投資から離れたくて、証券会社の担当者からの電話もずっと無視していたの。でもある日、車に乗っている時に電話があって、つい出ちゃったのよね。そう

したら今すぐ会いたいって言われて、仕方なく会いに行ったのよ。そうしたら、**ナスダック市場のRSIの表**を用意してくれていたのね。

RSIって相場の強弱や加熱感を表すテクニカル指標のことですよね。RSIが30％以下だと売られ過ぎ＝買い時、70％以上だとすると買われ過ぎ＝売り時と判断するんですよね。

そうよ。よく知っているわね。私は、個別銘柄のRSIはチェックしたことはあっても、ナスダック市場全体のRSIなんてわざわざ見たことがなかったの。だから、最初は「え？」って思ったけど、実際にそれを見てすごく重要なことに気づかされた。

重要なことってなんですか？

ナスダック市場で過去何十年のRSIの推移グラフを見ると、その時々の情勢で70％を超える買われ過ぎの局面や30％を下回る売られ過ぎの局面はあるんだけど、すぐに揺り

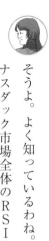

戻しが来て、**ほとんどの期間は30～70%の間を推移**しているの。**実際には、右肩上がりで成長している**にも関わらず……ね。

その時々で相場が過熱したり冷えたりすることはあっても、長期的に見れば、その状態が長く続くことはないということですか？

その通り。一度の暴落で焦って狼狽売りしてしまうのが、いかに愚かな行為だということに気づいたわけ。だって、相場は常に揺れ動くとはいえ、極端な時期は長くは続かないのだから。

なるほど。投資には長期的な視野を持つことが重要なんですね。

そういうこと。実際に狼狽売りしてしまった銘柄の株価が、相場反転後にどんどん上がっていくのを目にしていたこともあって、この時の担当者の話がすごく響いたのよね。それで、**二度と狼狽売りはしないと心に誓った**わ。

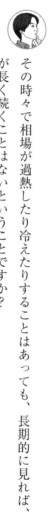

失敗を教訓として活かしたわけですね！

あとは、自分は買い戻しが苦手だということも学んだしね。売るのは簡単だけど、底を見極めるのは非常に難しいのよ。だから、買い戻す時にどうしてもためらってしまって、タイミングを逸してしまう……。

確かに、相場の底を見極めて適切なタイミングで買い戻すのは相当難しそうです。それなら、いずれ上がることを信じて持ち続けている方が簡単ですもんね。

そういうこと。だから、そのおかげでコロナショックや２０２２年の暴落時にも持ち続けることができたわ。**相場の下がり目でも根気よく持ち続けたことで、２０２４年の前半には半年で資産が１億円くらい増えた**わよ！

すごいな〜。見事に教訓を活かしたわけですね。

ド真ん中の米国ハイテク株を長期保有すれば資産は増える！

すぐに売却しないで長く持ち続けるというのは、株式投資における成功の秘訣なんですか？

うーん。必ずしもそうとは言い切れないわね……。でも、**米国ハイテク株に関しては、基本的に長期保有がベター**であることには間違いないわ！

なぜ、米国ハイテク株の場合は長期保有が良いのでしょう？

アメリカには、Magnificent 7※に代表されるような超巨大企業がたくさんあるでしょう。技術力もあるし、こうしたビッグ・テックは、今後もまだまだ成長する可能性が非常に高いと言われているわ。

※テクノロジー業界を代表するApple、Microsoft、NVIDIA、Alphabet、Amazon、Meta、Teslaの7社を指すワード

確かに、人工知能の発達などに伴って、今後もさらに成長していく可能性は十分にありますよね。

だからこそ、持ち続けるべきなのよ。だって、**企業が成長を続けていく限り、その銘柄を保有し続けているだけで自分の資産もどんどん増えていく**んだから！

なるほど！

逆に、日本には世界規模のハイテク企業がほとんど存在しない。だから、さまざまな指標を見ながら割安銘柄などを探し当てて、適切なタイミングで売買していく方が適切なのかも。

なんだか難しそう……。

相応の知識や経験も必要となるし、実際難しいわよ。でも、**米国ハイテク株に投資する場合には、ド真ん中の銘柄を購入して長期保有するだけ**で良いの。非常にシンプルでしょう？

確かに、僕でもすぐにできそうです！　とはいえ、米国ハイテク株に投資している人すべてがナスダッ子さんのように成功しているわけじゃないですよね？

多くの人は、少し増えたところですぐに利確売りしてしまうからね。目先の利益を確定することにとらわれて、もっと大きなチャンスを逃してしまっているのよ。

そうか。暴落時の狼狽売りがダメなのはもちろん、少し増えた時の利確売りも非常にもったいないわけですね。

すぐ利確売りする人って、減っている銘柄に限って塩漬けしていたりするけど、やるべきことは逆よ！　**増えている時は保有し続けて、売るなら減り出したタイミングで売る**

のが正解。そして長期で期待できると思っているなら、短期の騰落は気にしない。日足でなく、週足、月足で見ると、同じ銘柄でも違って見えてくるわよ。

なるほど。減った時こそが売り時ですね。肝に銘じておきます。

とはいえ、繰り返しになるけど、市場全体が暴落しているようなパニック時に狼狽売りだけはしちゃダメだからね。

承知しました！

今、保有している期待の米国ハイテク銘柄4選

投資を始めた頃に購入した銘柄は、今も保有を続けているんですか？

アマゾンから始まってさまざまな銘柄を購入してみたんだけどね。コロナの時に下がってしまった銘柄もあったし、小型株なんかは金利が上がるとボロボロになっちゃったので切っちゃった。そうした紆余曲折があって、現在は**エヌビディア、テスラ、パランティア・テクノロジーズ、マイクロソフトの4銘柄**に絞っているわね。

最初から比べると、かなり銘柄数を絞ったんですね。

10～20も銘柄を保有していると、資産に対する個々の銘柄の割合が少なくなるでしょう。そうなると、ある銘柄が大きく増えたとしても、トータルの資産自体はそこまで増えないから、面白くないのね。そういう理由もあって、今は4銘柄に絞っているわ。

なるほど。なかでも資産を占める割合がもっとも大きいのは、どの銘柄ですか？

それはやっぱりエヌビディアね。さっき話した通り、私にとってエヌビディアはすごく思い入れのある銘柄なの。出会いの縁もそうだし、**現在の資産の7割くらいはエヌビデ**

ィアが占めているわ。

7割はすごい！　逆に、残り3割で3銘柄を保有する理由はなんですか？

テスラは、株価の動きにやや不安定な面はあるけど、やはり世界を変え得る力を持っている企業よね。イーロン・マスクは、私たちの常識を超えるような発想で、今後もさまざまな技術革新を起こしてくれると思うの。そういう期待感を込めて、今も保有し続けているわ。

パランティア・テクノロジーズについてはどうでしょう？

パランティア・テクノロジーズは未知数な部分もあるけど、大規模データの統合や解析技術において、すでに多くの政府機関や企業から信頼を得ているし、私は創業者のピーター・ティールを投資家として崇拝しているのよ。米国株に投資を始めてまず読んだ「ZERO to ONE」という彼の本から受けた衝撃は今でも忘れないわ。

やはり最先端の米国企業は、スケールが違いますね！

最近では、マイクロソフトも生成ＡＩを開発したし、やっぱり私はイノベーションに挑戦している企業を応援したくなるのよね。

信頼しているエヌビディアに金融資産の7割を集中投資

エヌビディアは、最初に１０００万円ほど購入して以来、売買せずにずっと保有し続けているんですか？

売買はしているわよ。例えば、エヌビディアが時価総額で世界一になった日には少しだけ利益確定した。でもその後すべて買い戻したわ。

でも**1つの銘柄への集中投資はリスクも高く**なりますよね。エヌビディアが資産の7割を占めている状況は怖くないんですか？

それは、もともと7割も持っていたわけじゃなくて、エヌビディアが大きく伸びたから7割になったの。でも、私はエヌビディアの今後に期待しているから、ボリュームを途中で減らさなかった。それに、好きな銘柄に好きなだけ投資できるのも個人投資家ならではの楽しみだと思っているしね。だって機関投資家なら、こんなポートフォリオはとても組めないでしょう。

僕も「これだ！」と思う企業があれば、集中投資した方がいいんでしょうか？

それは難しいところね……。例えば、君みたいな**投資初心者や余裕資金のない人にはおすすめしない**わ。だって、運用リスクは高くなるもの。私もここまで極端なポートフォリオを組み出したのは、自分の資産が2億円を超えたあたりよ。

やっぱり**余裕資金があっての集中投資**なんですね。

私は、**投資は理論・分析よりもメンタルが重要**だと思っているの。というのも、理論・分析はプロやAIにも助けてもらえる。でもメンタルが弱いと結局はうまくいかないわよ。お金に不安のある状態でメンタルを強く保つことは困難。だから、ハイリスクの投資をするなら、余裕資金は必須ね。

確かに、生活を賭けた投資なんてしたらメンタルが崩壊します。

そうでしょう。だから、投資知識や余裕資金がなくて、まだメンタルに自信の持てない人は、インデックス型の積み立てのようにローリスクな投資からスタートして、徐々に経験や資金を増やすことがおすすめよ。

下落にも付き合い長期保有した結果、資産3億円に増加！

ここだけの話、現在の資産額はどのくらいなんでしょう？

今は、**3億5000万円**くらいね。

どんどん上がっていますね〜。狼狽売りの失敗を経てからは、順調に資産が伸び続けているんでしょうか？

そんなこともないわよ。コロナ後のバブルで2億円まで増えたけど、米国の利上げ時には再び半値近くまで下がったしね。

でも保有し続けたんですね。

エヌビディアは、自動運転やヘルスケア分野への期待を持ち続けているわ。**ボラティリティ（価格変動率）はあるものの長期的な成長を信じる**もの。一方、小型株とかは損切りしちゃった銘柄もたくさんあったけどね。

信じているとしても、大きく下がったらやっぱり怖いですよ……。

そうね……、**私は買う時に、この銘柄は下げには付き合わずに逃げたいか、下げに耐えても上がるところを全部取って育てたいかを考えている**わ。大概は、下げには付き合いたくないという思いが頭をよぎった瞬間に怖くなる。だから大きく上がる局面を取り逃すのよ。それに気づいてから、下げに付き合ってでも将来のために持ち切りたいと思う銘柄を選ぶようになったわ。

「下げにも付き合う」という覚悟が大切なんですね。

そう。その結果、ＣｈａｔＧＰＴの登場でエヌビディアの株価は私の予想以上に伸びて、２０２４年には資産３億円を超えたわね。

すごい上がり方。やっぱり集中投資のおかげですか？

そうね。エヌビディアの割合が5割を超えたくらいから、急速に資産が増える勢いが増していったわ。とはいえ、繰り返すけど、投資初心者の人や余裕資金のない人にはここまでの集中投資はおすすめしないからね。

そこに関しては心得ています。

今の私は余裕資金もあるし、ある意味腹を括った状態で投資しているの。**ハイテク・グロース株への集中投資がハイリスク**であるのは百も承知だし、一時的に資産が30％くらい減る可能性があることも覚悟しているわ。

ハイリスクは承知でハイリターンを取りに行っているわけですね。

もちろん**保有銘柄は信頼しているし、長期保有することで米国経済の成長の果実を得ら**

れるという確信もあるからだけどね。なので、今では暴落時でもワクワクしちゃうくらいのメンタルよ。

もはや、悟りの境地に近づいていますよ、それ！

常連客

7

宝くじの12億円当選者が手探りで学んだ堅実的な投資術と資産の分配先とは？

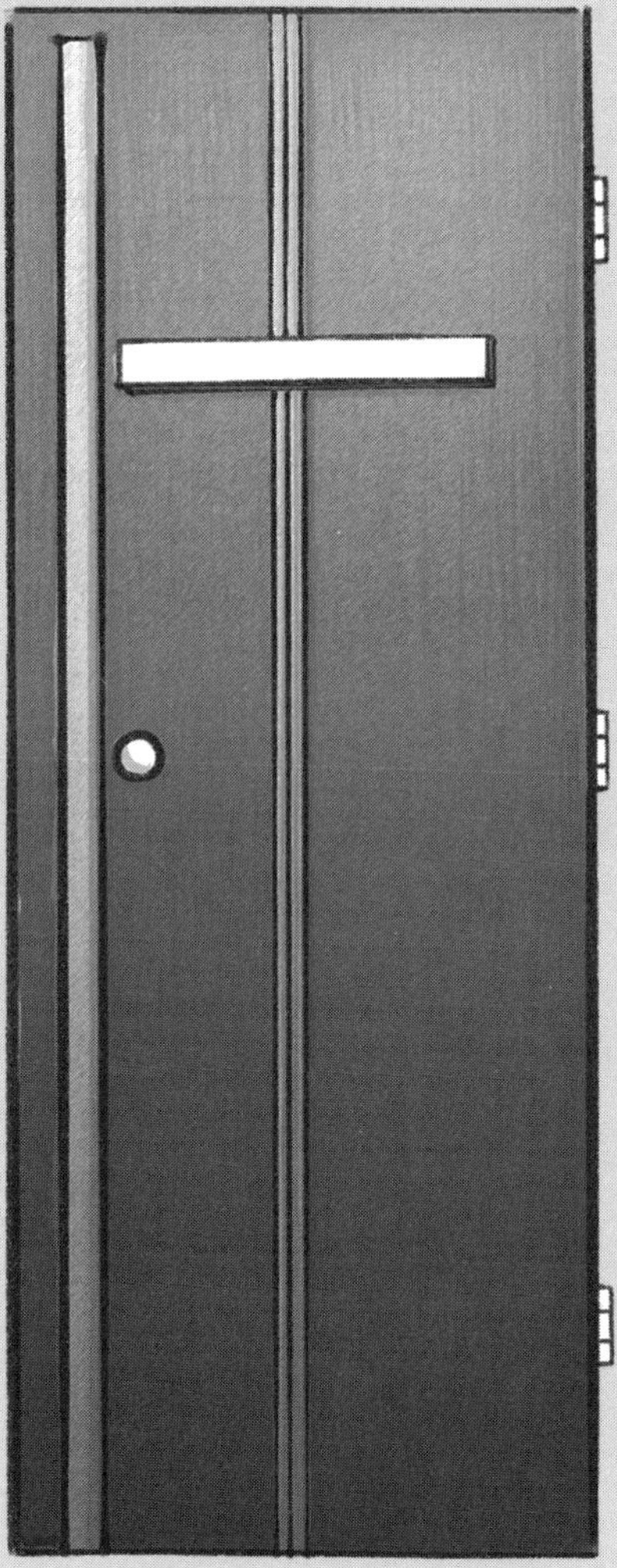

話を聞いた常連客

匿名さん

宝くじで12億円を手に入れた
ビギナー投資家の匿名さん。
資産を減らさないために
手探りで勉強してたどり着いた
資産の運用プランや分配先を聞いた。

コロナ禍を期に趣味を失った都内在住独身40代男性。夜な夜な飲み歩いては新たな趣味を探している最中。働くことは嫌いではないが、口癖はもうそろそろ働きたくない。たまたま買った宝くじが当たってしまい生活が激変する……、かと思いきやそうでもないことに驚く毎日を送っている。

マスター、こんばんは！

いらっしゃい！　今日は元気がいいね、いいことあった？

今日は給料日っていうだけですよ。さっき証券口座に先取りで投資資金も入金しておいたし、今日は久しぶりにパーっと飲もうかな！

それは嬉しいね！　投資資金もちゃんと確保しておくなんて偉いぞ。

ありがとう。バーで常連さんとたくさん話して学べたしね。おかげで、いろんな投資法や世界が広がったよ。けど、やっぱり**資金力が今後の課題**かな？

うちのお客さんは億トレも多いもんね。

そうそう。やっぱり**元金が多いほど、上がった時の利益もグーンと伸びる**わけでしょう。

僕みたいな新米兼業投資家は資金力もないし……。**あ～、宝くじが当たったりしないかな～**。でも急に大金を手にしたら、どう投資したらいいだろう？

あ、そういえば先日来店した、お客さんは宝くじに当たって投資を始めたって言っていたな……。

こんばんは～。

いらっしゃい！　あ、この前はどうも。……ほら、この人が当選者。

え～、宝くじを当てたいって言うと当選者が現れちゃうの!?

もしかして……、僕の話をしていました？

あ、ごめん。この前、**宝くじの当選金で投資を始めた**って言っていたでしょう。ちょう

ど今、宝くじ当たったらどうやって投資するか……って話をしていたんだ。

ハハハ。そしたら本当に当選者が現れちゃった、と。

よかったら、当選の話を聞かせてください！

いいですよ。ただし、今は身分を伏せていて、匿名ってかたちでもいいですか？あと、同世代のようだし、フランクに話しましょう。マスター、ハイボールください。

もちろんです！あ、マスター、僕にもハイボールを！

はーい、ハイボール、2つお待たせしました！それでは、ごゆっくり。

初めて買った宝くじ「MEGA BIG」で12億円当選！

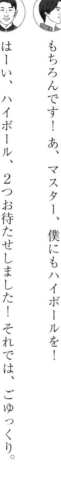

ちなみに宝くじの当選金額って？

12億円だね！

じゅ、12億⁉

2023年4月に**MEGA BIGっていうスポーツくじ**で当たったんだ。

普段からよくMEGA BIGを買っているの？

いや、**この時に初めて購入した**んだ。ちなみにサッカーにもまったく興味はない（笑）。たまたまその日、楽天銀行アプリを眺めていたら、「宝くじ」の項目があり、「あ、ここで宝くじが買えるんだ～」って思ったのがきっかけだね。

ちなみに購入したのは何口？

初めは10口（3000円）買おうとしたんだけど、でも、ここは最初で最後だと思って、購入画面で一番大きい単位の50口・1万5000円分を買ってみることにしたんだよね。そしたら、その中の1つが当選したってわけ。

へ〜、そんなに軽い感じだったんだ。でも、人生で初めて買った宝くじで12億円が当選するなんて、本当に夢のような話だな〜。

そうなんだよ。MEGA BIGってサッカーの試合結果を予想するものなんだけど、その時は試合数が少ないとか、当選率が上がるようなタイミングでもなく、**本当に運が良かっただけ**だったと思ってる。

そもそも当選額12億円もすごい。そんな大きな額がもらえるなんて知らなかった〜。

その時によって異なるんだけど、当時の**キャリーオーバーが22億円**だったんだよね。それで今、当たると12億円がもらえる感じだったんだ。

キャリーオーバー？

繰越金のことだね。前開催回で当選者がいなかったら、その分のお金が繰り越されるんだ。MEGA BIGの場合、1等当せん金額は7億円なんだけれど、キャリーオーバーがあると最大12億円まで上がるチャンスがあるんだ。僕の場合、約22億円が繰り越されていたから、その点はラッキーだったってわけ。

12億円ってどうやって受け取るの？ 銀行の応接室に通されて、アタッシュケースを開けたら……、なんて話も聞いたりするけど。

口座振り込みだったね。**当選通知もメール**だったよ。４月21日の金曜日に購入して、週明け24日の月曜日にメールが来て、見たら当選、って。そのまま次の金曜日に口座にどーんと振り込まれていたんだ。確かにびっくりしたけど、そんなに舞い上がることはなかったな。落ち着いたもんだった。

意外と事務的な対応だな〜。

そうだね。ちなみに当選後、もう一度当たったら面白いなと思って何度か購入したけどカスリもしなかった。

2023/04/21	-15,000	3,788,703	第1363回 MEGA BIGくじ購入
[redacted]			
2023/04/26	-15,000	3,773,803	第1364回 MEGA BIGくじ購入
2023/04/27	-33,332	3,740,471	ラクテンカードﾞ サーピﾞ ス
2023/04/28	1,200,001,320	1,203,741,791	スポﾞーツクジﾞ ハライモトﾞ シキン ニホンスポﾞーツシンコウ センター

やっぱり買い続けないと当たらないのかな？

いや、基本的に**娯楽以外の目的で購入するのはおすすめしない**。僕が買ったのも当選したのも本当にたまたま運が良かっただけだしね。願掛けや神頼み、スピリチュアルに頼ることも無駄だと思うな。

欲をなくすことが当たる秘訣なのかも（笑）

宝くじ12億円が当たってまず最初にしたことは？

12億円が当たって最初に何をしたの？　やっぱり高級品の購入とか……。

何を買ったというか、急に手に入った12億円を「**減らさないようにしよう**」という思いが、まずあったかな。**資産を使って減らすのは簡単だけど、増やすのは難しい**からね。

もともと宝くじが当たる前からつみたてＮＩＳＡをしていたこともあって、投資に向かった感じだね。

えー、物欲より先に投資。それじゃあ当選額をすぐに投資したってこと？

いや、僕の場合、２０２３年４月に12億円が手に入って、**一度、本格的に投資を勉強しよう**と思ったんだ。実際に投資を始めたのは３か月後の７月からだね。

その３か月間で何を？

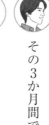

最初は本を読んだり、独立系のＦＰに話を聞いたりして資産運用の仕方を学んでいたんだ。まったく勉強せず勘で投資するのは危険だからね。そもそも、急いで資産を増やす必要もなかったし。

実際に勉強はどういう意識で取り組んだの？　当選してから、本格的に投資の勉強を始めたということだけど……。

ユーチューブなどの動画ではなく、**中立的な資料で学ぶことは意識した**かな。ユーチューブって、1つの投資法だけに特化しているチャンネルが多いよね。僕の場合、さまざまな投資商品に分散したかったし、あまり参考にはしなかったんだ。

なるほど。ちなみに一番タメになった参考資料ってある？

特に参考になったのは、**金融経済教育推進機構（J-FLEC）から出ている「サクサクわかる！資産運用と証券投資スタートブック」**※かな〜。投資といってもいろいろあるので、まずはこのような資料で大局的

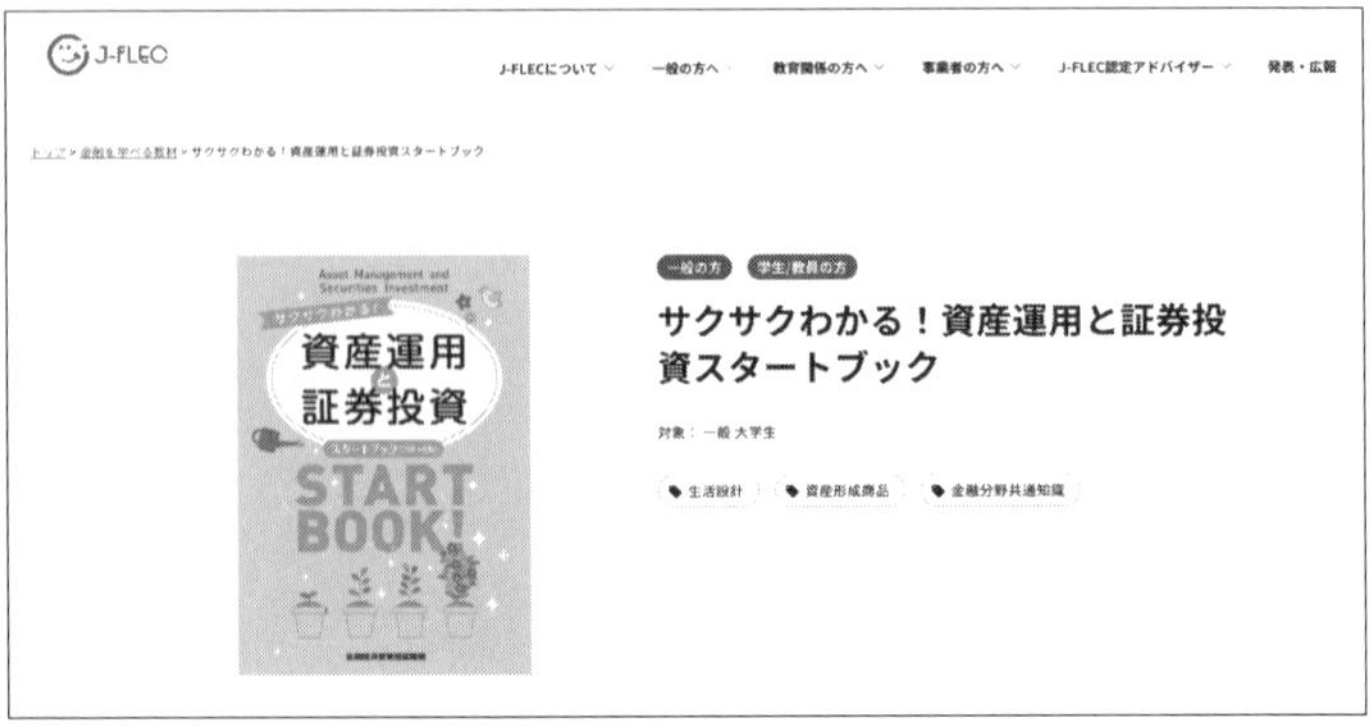

※金融経済教育推進機構（J-FLEC） https://www.j-flec.go.jp/materials/startbook/

に勉強するのをおすすめするよ。

へぇ～、初めて聞くな～。どんな資料なの？

投資の基本や市場の仕組みなどについて、ベーシックなところから学べるものになっているよ。基本的には投資を始めたい一般の人に向けたものなので、とてもわかりやすく書かれていると思う。

なるほど、投資初心者にはありがたいね。

他にもＪ‐ＦＬＥＣのウェブページを見てみると、**「金融を学べる教材」として、さまざまな資料が掲載**されているんだ。どのような層に向けたものなのか、何についての資料なのかが一目でわかるように一覧になっているので、自分が知りたいテーマに合わせて勉強ができるのも特徴。

本当だ。いろんな資料が用意されている！　もっと早く知りたかったな〜。

初心者がついつい直面しがちな誤解や落とし穴を避けるためにも、こういった資料に目を通しておくことが大切だと思うよ。

そういう意味でも、初心者はなるべく**バイアスがかかっていないような資料を選ぶ**方がいいということだね！

そういうこと！

投資家バーに来たきっかけは？

自分と同じくらいの資金の人がいるのが良くて。投資の話をする時に一番困るのが、資金が違うと話が噛み合わなくなっちゃうっていうところなんだよね。

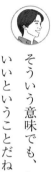

確かに、資金が１００万円の人と1億円の人では、投資のスタイルからまるっきり違ってきちゃうかも。

資金が億単位となってくると、似たような境遇の人に会うのはなかなか難しいので……。その点、ここには**それくらいの資金で投資している人が結構いて**、気楽に話ができるのがよかった。

なるほど、そういう投資家バーの魅力もあるのか〜。

いざ投資！ 当選金12億円のポートフォリオとは？

それでいよいよ、投資を始めるわけだけど、振り分け（ポートフォリオ）はどのような感じなの？ あと、12億円すべて投資に充てているの？

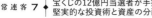

当選金額12億円のポートフォリオ

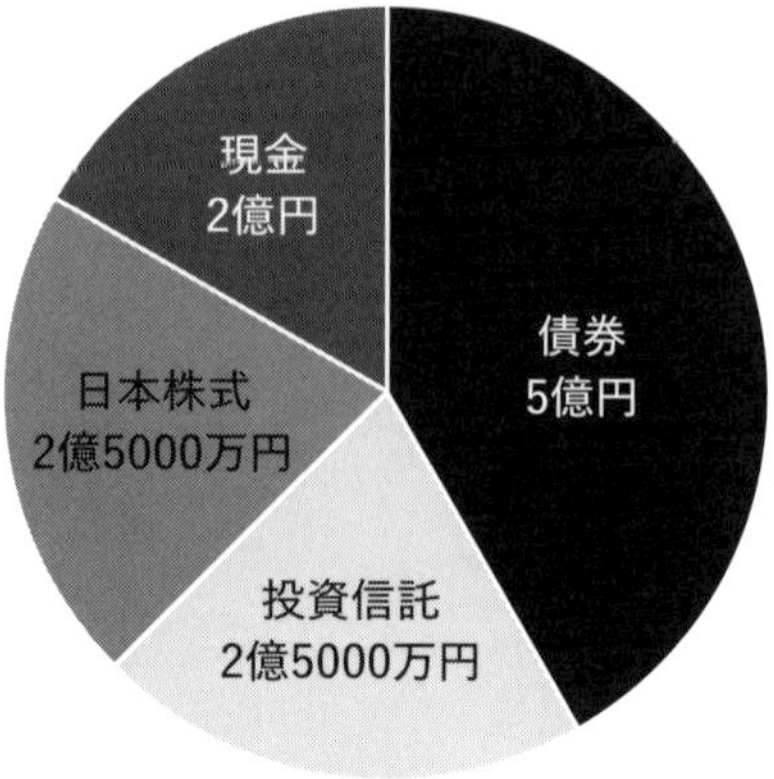

投資に充てているのは10億円かな。内訳としては**債券が5億円**。それから**インデックス型の投資信託を2億5000万円分**。あとは、現金2億円は常に確保しながら、**2億5000万円くらいを上限に個別株**を購入するというかたち。

なるほど。全部一気に始めたの？

いや、まずは債券の運用から始めたよ。残りはゆっくり考えようかなと、とりあえず寝かせていたんだよね。**債券は、米国の社債と国債を購入**した。

ほうほう。でも、5億円だと、ポートフォ

リオの中でも大きな部分を占めているけど、債券を多く買っている理由はどうして？

債券はインフレには弱いけど、ある程度の安全性のある資産ということで選んだんだ。あとは、定期的に米ドルで利金をもらいたかったし、米国債券でね。

ドルの方が金利も高いしね！

それもあるね。あと、投資するにせよしないにせよ、ドルは持っていても困らないだろうし。利金をもらいながら、その先の投資に使うかは判断しようってわけ。

なるほど。ちなみに債券を5億円ってなると、利金はどれくらいになるの？

僕の場合、**利回り4％**くらいのものを選んでいるので、円でいうと**大体1年で2000万円くらい**入ってくるかな。

２０００万円！　羨まし過ぎる……。じゃあ、元本は確保しつつ、利金で投資ができる状態なんだね。

キャッシュフローがないと減っていくだけだし、そのあたりを考えて、まずは債券に投資した感じだよね。

インデックス投資・個別株投資はルールを決めて運用

さっきの話だと、投資信託と個別株で２億５０００万円ずつ投資しているんだよね。それは何を買っているの？

そうだね。まず**投資信託はオルカン（全世界株式（オール・カントリー））を一括購入**したよ。

一括!?

うん、別で現金もあるし、分散する必要もないしね。

一括で2億5000万円買っちゃうオルカンの魅力ってどんなところ?

やっぱり新興国なども含めて、広範な地域に分散投資ができるところかな。リスクを抑えつつ、**グローバルな成長を狙える**のが魅力だと思う。あとは、別で新興国の投資信託も少し。これは、グローバルサウス(インド、ブラジル、メキシコなど)に投資する投資信託で、将来20年後に向けてヘッジ的に買ったものだね。

個別株は? これは選び方も難しいよね。

そうだね~。まず個別株は日本株を購入している。いろいろと調べて良さそうなものを購入しているけど、基本的には配当が出るものを選んでいるよ。**売却益が配当×5年分**

になったら売るつもりで運用している。

というと……？

例えば、年間の配当が10万円だとすると、5年間で50万円の配当金がもらえるよね。この場合、株の売却益が50万円を超えるような値段になった時点で、売却を検討するってこと。

なるほど！

こうすることで、**配当収入を安定的に得つつ、キャピタルゲインも狙える**というわけ。もちろん、株の状況によっては、もっと早く売ることもあるけど、基本的にはこの基準を参考にしているかな。

へ～、配当利回りの基準は？

配当利回り3・5～4%あたりかな。個別株を買い始めて、1年くらいだけど300万円くらいにはなったよ。

利回りが3・5～4%で、300万円の配当というと……。年間で7500万から8500万円くらいの投資額？

そうだね。そのくらい投資しているかも。

米国債で2000万円の利金があって、個別株の配当で300万円あるなんて……。ちなみに、個別株はいつも2億5000万円分まるっと購入するの？

いや、2億5000万円くらいを個別株に使うと決めているだけで、それより少ない時もある。その時々で、自分が良いなと思った株を選ぶ感じだね。

株数的には一度にどのくらい購入するの？

株価にもよるけど、**5000〜3万株くらい**かな。

例えば株価５０００円なら、×５００００株で……えっと、ゼロが６つ！　２５００万円！

そう言われるとすごく大きな数字だね。

いや、本当に！　そんなに大きな額を投資するのは怖くないの？

結局、株ってどう転ぶかわからないじゃない。チャートも見たりはしているけど、まだまだ勉強中だし、上手くいかなくても損切りするだけって考えているよ。

しっかり理解できるまで勉強してから投資に臨もう

積極的に個別株の売買するようになった、きっかけってあるの？

う～ん、スクリーニングで、良さそうな株を見つけられるようになったからかな。事前に行った勉強の成果ももちろんあるよね。

それはさっき言っていた配当利回りでの基準とか？

配当利回りも見るし、あとはこの分野が伸びそうだなー、というのも考える。これは**自分が仕事をしているので、その経験から「どの業界が盛り上がりそうだ」と察知**している。ただ、まだまだ経験不足ということもあるので、まずはきちんと調べてそれから買うようにはしているね。

やっぱり準備は大事？

特に僕のように宝くじが当たったり、相続で突然大金を手に入れたりする人って、**お金はあってもお金を増やす能力があるわけではない**からね。なので、すぐに投資に向かうのではなく、**しっかり理解できるまで勉強する**と決めていたよ。

投資にはかなり慎重姿勢なんだ。

そうだね。自分でも慎重派だと思う。

ちなみに日本株にこだわる理由は？ 米国株は買わないの？

あまり考えていないな〜。決算書を読むのも大変だし。

銘柄を探すのも大変ということ？

さっきも言った通り、**よくわからないものには手を出さない**というのが基本のルールな

ので。その点、日本株はきちんと納得感を持って買えるしね。

なるほど。でも納得感を持って買ったとしても、失敗した〜って経験はあるよね？

あるね、エーザイ株かな。認知症の薬が出るという材料が出て、良いなと思って購入したんだけど、それがゴールだったみたいで、そこから一気にガクッと下がっちゃった。これは失敗だったな〜。急騰しているからといって、**下手に飛び付くのはよくないな**と勉強になったよ。

え〜、そのエーザイ株は？

9465円で購入したのが9296円になったので、1分くらいで売却した。その後、どんどん下がって今は半値くらいになっているから大正解。変に耐性があるので持ち続ける方なんだけど、今考えると、あの時すぐに損切りして良かったよ。

すごい！ そんなにすぐ損切りできた理由は？

ちょうどその頃は、損切りの練習をしようと思っていたタイミングだったんだ。そういう意味でも、それが去年で一番良い取引だったと思っている。

突然大金を手にしても投資で稼ぐ力はないと認識しよう

ちなみに、12億円が当選しても仕事は続けているんだよね？

続けてはいるけど、常に辞めたいとも思っているよ。だけど、**キャッシュフローのために**働いている感じ。

え〜、でも利金だけで2000万円もあるなら、僕なら辞めるな〜。

一応、本業の年収が１５００万円くらいあるしね。だから、今の生活を維持するならもう少し欲しいかも……。まあ、タイミングがあれば辞めるかもしれないね。独身だし、タイミングは自分次第かな。

それだけお金があったら家を買ったりはしないの？

不動産価格が高過ぎて、今じゃなくても良いかなと思っている。あと、**買うとしても住宅ローン**で買いたいかな。

えー、キャッシュで買った方が絶対にカッコいいのに！

だって、何か投資したいものが出てきた時、マンションで1億円を使っちゃうと、その分が投資に回せなくなる、つまり機会損失ってこと。ある程度、**すぐに使えるお金は取っておきたい**んだよね。

12億円から1億円が減っても大丈夫って僕はすぐ思っちゃうな〜。

ハハハ。僕は、未だにスーパーのシャインマスカットとか高くて買えないな〜って思うよ。物欲もないし、ブランド品や高級車にもあまり興味がないんだよね。もし興味があったら、すぐに5000万円くらいなくなっていたかも。

なるほど、投資に集中するためには物欲のなさも大事かも。

大きく増やしたいと思っているわけじゃないけど、株取引はこれからも一生続けると思うよ。投資でお金が増えていくのはやっぱり楽しいしね。良い趣味ができたなーって思っている。

最後に、宝くじや相続で突然大金が手に入ったらどうするべき？　ほら、僕も宝くじが突然当たるかもしれないし（笑）

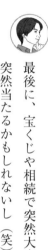

そうだね……、いきなり大金を手にするといろいろと勘違いしてしまいそうだけど、「**投資でお金を稼ぐ力を持っているわけではない**」ということをきちんと認識することが重要かな。だから、投資していい商品なのかどうかを**しっかり吟味して見極める勉強**をしてから購入することをおすすめするよ。

焦りは禁物ということだね。そういう意味でも、さっき教えてもらった資料でしっかり勉強するのは、後々のためにも大事そう！

そうそう。あと、FP技能検定の本なんかを読むのもおすすめだよ。

資格を取るってこと？

いや、資格取得は不要。パラパラとめくる感じでいいと思う。というのも、まず何をしたらいいのかがわからないと思うので、**一度全体を見て、自分に合う投資法を選んで**いけばいいいんじゃないかな。

よし、僕も今後に備えてしっかりと勉強しておこう。いや、でもその前に、西銀座チャンスセンターに行くのが先かな？

最終章

投資について話せる！聞ける！学べる！
そんな場を作った投資家バー誕生秘話

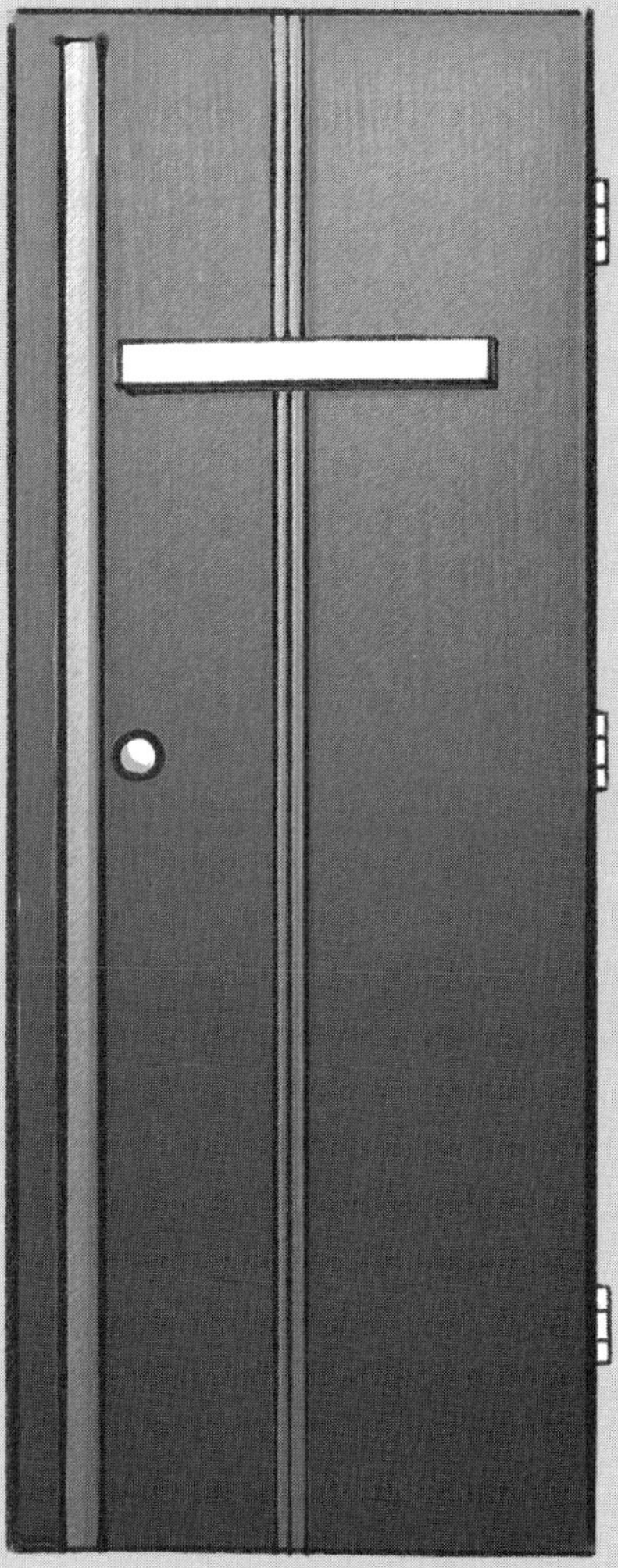

トランプが勝ったか～。僕も今回ばかりは「にわかアメリカ大統領選」ファンになって、The New York Timesを毎朝英語で読んでみたり、CNNをのぞいてみたりしながら、気になる米国株をチェックしていたんですよ～。

君も初めてこの店に来た時に比べて成長したね。嬉しいよ！ それで実際にどの銘柄を購入してみたの？

いや～。英語がダメなんで、決算報告書は検索できても、実際に中身を読みこなせなくてさ。個別株投資をしているこのバーの常連のみなさんは、しっかり企業研究をしてから投資をしているのを見ていたので、なかなか手を出せなかったんですよ。

それは正解ですよ！

わっ！ びっくりした。あれ、誰ですか？

そうか、初めてだったね。こちらは**投資家バーのオーナーで上原さん**。君の噂話は、ちょこちょこしていたんだよね。

オーナー⁉ ついに僕もそこまで登り詰めたか……。ずっと気になっていたんですが、この投資家バーはどうやって誕生したんですか？

そうだね……、じゃあまずは簡単に経歴から。私は学生時代から投資をしていて、卒業後は外資系証券会社で、株式アナリストとして就職。その後、外資系の運用会社に転職して日本株のファンドマネジャーとなり、今は独立しているんだ。

じゃあ、投資家バーも事業の1つ？

そうそう。僕は投資が好きで、日本株以外にも不動産投資、事業投資、仮想通貨投資といろいろとやっているんだ。

へ〜、でも「投資家バーを作ろう」と思ったきっかけって何ですか？

もともと日本には投資のことをリアルで話す場所ってないなって感じていたんだよね。でもXでは活発に議論されているでしょう。ということは、**リアルで投資について話したい人はたくさんいるんじゃないか**って思ったんだ。

確かに日本では「投資しています」って大声で言いにくい風潮はありますよね。銘柄名や商品名など具体的に話し出すと、勧誘しているじゃないかって思われそうで……、友達相手でも言いにくいな〜。**投資を始めたいけど、相談できる相手っていないな〜**、とはつくづく思っています。

そう！　だから、まさにそういう場所を作ろうって思ったんだ。それを2020年にXでつぶやいたら、賛同者が見つかり、場所が見つかり、店長が見つかり、と、とんとん拍子で進んで、じゃあ作ろうかってことになった。

下ひげ陽線／陰線

追証

はやっ！　やっぱり興味がある人は多かったんですね。

そうだね。それで、自分がお店の集客とコンセプト、賛同者（共同出資者）が内装とお店の経営って担当分けでスタートさせた。

具体的に上原さんは何を？

まず、お店のコミュニティを立ち上げて、「**追証**」や「**下ひげ陽線／陰線**」、「**ゴールデンクロス**」といった個性的なお酒のメニュー名を募集した。あとは、クラファンで応援してくれる仲間も募ったんだ。

このメニュー名にはそんな逸話があったんですね！確かに投資好きには気になる名前のカクテルだな〜って思っていました。

ここは飲食店だけど、「**投資家コミュニティー**」でもあると思っているんだ。

もしかして、**白コースターは投資家と交流したい人、黒コースターは内々で話したい人**というコンセプトも上原さんが考えたんですか？

うん、交流が広がるきっかけ作りとして考えた。あと、新米投資家が安心して来られるように、怪しい人は排除する努力もしているよ。基本、**店内では営業禁止**。教材やスクール勧誘などの迷惑行為がない

白コースター
他のお客様と話したい方

黒コースター
今回は内々で話したい

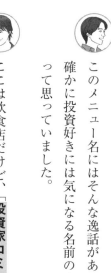

ようにスタッフが目を光らせている。だから、まだ来たことない人も安心して来てほしいな。

このバーのお客さんはみんな真面目に投資に向き合っている人ばかりだなーって実感しています！

ありがとう、それは嬉しいな。

上原さんの今後の目標って何ですか？

そうだな〜、今、投資家バーといったら「ＳＴＯＣＫ ＰＩＣＫＥＲＳ」という風に日本で一番有名になれたし、東京だけじゃなくて、名古屋、大阪、福岡と店舗を広げていけたらいいな〜って思っているよ。

名証、大証など地方の取引所もあるし、東京とはまた違った雰囲気になりそうですね。

東京以外でも投資が活発な場所はたくさんあるみたいですし。

あとは、**投資を始めようと思った人の入口**、**投資を学ぶきっかけ**に、このバーがなってほしいな。私自身「しっかり企業分析して割安なら買う」という王道の投資スタイルなんだ。だから、ギャンブル投資で損して投資に悪いイメージを持たれたくないし、怪しい教材やスクールは撲滅したい。ちゃんとした投資活動の布教が投資家バーを作ったきっかけだし、今後も続く目標だね。

勉強会も定期的に開催していますしね。

そうそう。勉強会の講師は厳選して実績を出している人のみに依頼しているよ。だから、初級者・中級者・上級者のどんな人でも、**投資を学べる場**として、もっとたくさんの人にバーのドアを開いてほしいな。

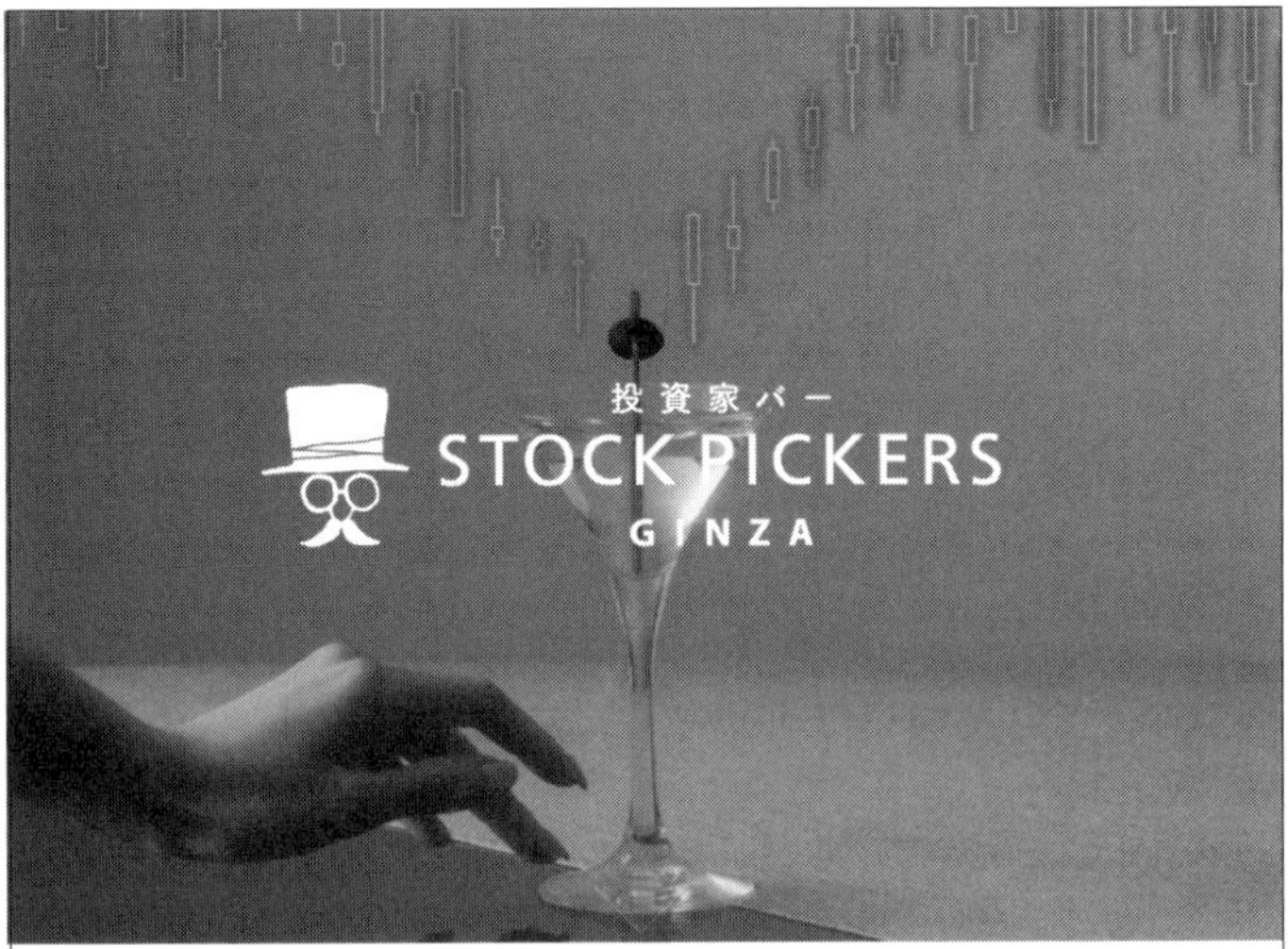

住所

東京都中央区銀座8-2-14 竜王ビルV 4階
（新橋駅の銀座口から徒歩5分）

営業時間

月曜日～土曜日：17:00～23:00
日曜日：14:00～20:00

定休日

なし

イベント

投資家バーでは勉強会などのイベントを
定期的に開催しています。
最新情報はサイトをごらんください。

https://stockpickers-bar.com/
X：@stockpickersbar

おわりに

今回、登場いただいた7人の常連客以外にも数多くの個性的な投資家がバーに来ます。例えば、独自に選んだ日本株のヒートマップを作ってお店で配っている人、メディアの著名人やXのインフルエンサーが突然来店することも……。

実際にバーのお客さんに「こんな本が出る」と話すと、あの人も出るの？と今回登場いただいた人以外のお名前が数多く挙がったほどです。

もし、この本を読んでお店に興味を持ってくれた人がいたら、いつでも来店をお待ちしています。初級者、上級者問わず、楽しい話で盛り上がるように、お店は全力でサポートします。

また、一度来ていただけたら、2回、3回と繰り返し来てほしいのです。なぜなら、お店に訪れるお客さんは毎日変わり、聞ける話の内容は今日の常連客のキャラクター、また今日の市場状況によってまったく違うのです。つまり、お店の雰囲気は毎日違う、同じ雰囲気は二度とありません。

こうした偶然性も含め、バーという雰囲気を味わってもらいたいのです。

「記念で1回来て楽しかった」では、このバーの魅力は伝わりません。何回も来て、顔見知りを作り、自ら常連客となり……、そして次に訪れる新米投資家に学んだことを伝授する、そんな良いサイクルが生まれる場になれば幸いです。

最後に、この本がそのきっかけになることを願います。

投資家バー STOCK PICKERS

■商品に関する問い合わせ先

このたびは弊社商品をご購入いただきありがとうございます。本書の内容などに関するお問い合わせは、下記のURLまたは二次元バーコードにある問い合わせフォームからお送りください。

https://book.impress.co.jp/info/

上記フォームがご利用いただけない場合のメールでの問い合わせ先
info@impress.co.jp

※お問い合わせの際は、書名、ISBN、お名前、お電話番号、メールアドレス に加えて、「該当するページ」と「具体的なご質問内容」「お使いの動作環境」を必ずご明記ください。なお、本書の範囲を超えるご質問にはお答えできないのでご了承ください。

- 電話やFAX でのご質問には対応しておりません。また、封書でのお問い合わせは回答までに日数をいただく場合があります。あらかじめご了承ください。
- インプレスブックスの本書情報ページ　https://book.impress.co.jp/books/1124101039 では、本書のサポート情報や正誤表・訂正情報などを提供しています。あわせてご確認ください。
- 本書の奥付に記載されている初版発行日から3年が経過した場合、もしくは本書で紹介している製品やサービスについて提供会社によるサポートが終了した場合はご質問にお答えできない場合があります。

■落丁・乱丁本などの問い合わせ先

FAX 03-6837-5023／メール service@impress.co.jp
※古書店で購入された商品はお取り替えできません。

投資家バーの常連客から聞いた 投資の成功術

2024年12月21日 初版発行

著　者　酒井富士子
監　修　投資家バー STOCK PICKERS
発行人　高橋隆志
編集人　藤井貴志
発行所　株式会社インプレス
〒101-0051　東京都千代田区神田神保町一丁目105番地

印刷所　株式会社 暁印刷

ISBN978-4-295-02077-6 C0033
Printed in Japan